Memorias de un ángel

Juan José Mejías Tejero

El diseño de la portada es obra del autor

El dibujo fue hecho desinteresadamente
Por mi amigo "Ivo", a quien doy mi gratitud.

Primera edición: 2019
500 ejemplares

Edita: "E.D.M.B."

Depósito legal: MA 1387-2019

ISBN: 978-84-09-15417-3

Impreso por GrafiExpress

Contenido

El Apóstol San Pablo dice con respecto a La Biblia en 2 Timoteo 3:16-17

"Toda la Escritura es inspirada por Dios, y útil para enseñar, para redargüir, para corregir, para instruir en justicia,

A fin de que el hombre de Dios sea perfecto, enteramente preparado para toda buena obra".

Presentación

En el año 1981 conocí al Pastor Juan J. Mejías quien después fue mi Pastor por varios años, luego con el correr del tiempo también terminamos siendo muy buenos amigos.

Él fue el hombre de Dios que me ayudó a entrar en el conocimiento de La Palabra de Dios, la cual hoy sigue siendo la guia en todas las áreas de mi vida, musical y privada. Nunca olvido el momento en que ingresó a mi casa esa noche a las 10.30 PM, nuestros tres hijos ya estaban durmiendo, el pastor Mejías nos habló de la Palabra del Señor y fue esa noche cuando mi esposa y yo recibimos a Cristo en nuestros corazones como Señor y Salvador, la familia cambió para mejor a partir de ese momento y hasta la fecha.

Hoy me ha tocado el privilegio de presentar "Memorias de un ángel", su libro. Personalmente después de haberlo leído, creo que es una maravillosa y nueva perspectiva bíblica, que ayudará a entender más profundamente al mundo Cristiano y

Secular, y lo que sucedió en el cielo entre Dios y su creación (angelical y humana).

En su desarrollo, este libro cautivó mi atención debido a muchos detalles (acentuados con textos bíblicos) que ayudaron a mi mente a insertarme en el lugar de los hechos. Creo que definitivamente le sucederá lo mismo al lector.

Sin más y con mucho agrado, puedo decir que creo que "Memorias de un Ángel", es un libro que traerá mucha bendición al pueblo de Dios y a quien lo tenga en sus manos.

Juan Carlos Fernández / Rabito

Prólogo del autor

Nací en España, en un pueblo de la campiña cordobesa llamado "La Rambla". Cuando aún era niño, mi familia se trasladó a la Argentina donde viví la mayor parte de mi vida. Mis padres eran campesinos, personas muy buenas y honestas, lograron formar una hermosa familia y siempre me enseñaron a ser respetuoso y responsable; eran católicos no practicantes, y por lo tanto no nos inculcaron la religión; a mi padre nunca lo vi asistir a una iglesia y aunque mi madre era una mujer de fe, al no haber tenido ninguna preparación escolar ni religiosa, no pudo enseñarnos acerca de Dios ni del evangelio. Personalmente, aunque tomé la comunión en la iglesia católica, crecí siendo un escéptico y llegué a tener una gran duda interior sobre la existencia de Dios debido a los muchos interrogantes que la vida me planteaba. Recuerdo que durante mi adolescencia, nos sentábamos por las noches con mi amigo Tomás en el parque de su casa y mirando el firmamento, ese cielo majestuoso e imponente repleto de estrellas, nos preguntábamos: ¿Habrá algo allí arriba?; ¿todo esto tan hermoso se habrá hecho solo como fruto de la casualidad o lo habrá creado alguien? Y teníamos largas conversaciones sobre lo hermoso que sería que hubiese un creador tan poderoso como para poder hacer todo el universo y aún, que nos hubiera creado a nosotros, pero siempre nuestras conversaciones terminaban de la misma manera, ¡no había nada! Y quedábamos decepcionados porque ¡sabíamos que allí arriba no había nadie!, que estábamos solos.

Tenía 19 años cuando por primera vez me hablaron del Evangelio y de Jesús. Mi novia, Amalia (actualmente mi esposa), se había convertido al cristianismo en una iglesia evangélica y debido a que yo no quería saber nada de la iglesia ni de Dios, habíamos roto la relación de noviazgo que teníamos. Como consecuencia de ello decidí asistir a la iglesia para poder tener argumentos de primera mano con los cuales convencerla de su error y rescatarla de ese "fanatismo religioso en que estaba inmersa". Por supuesto no creía nada de lo que se me decía, me consideraba una persona inteligente y por lo tanto no me podrían engañar con su "fanatismo y superstición"; a pesar de todo esto decidí asistir a una iglesia para ver y oír personalmente lo que allí se decía. El primer mensaje bíblico que oí fue Juan 20:19: "Paz a vosotros", aunque el mensaje me gusto y me dio mucha tranquilidad, me decía constantemente a mí mismo, "no te dejes engañar, no te dejes psicoanalizar". Asistí dos veces a la iglesia y aunque el ambiente era agradable y me inspiraba paz, no respondía a las dudas e inquietudes que tenía en mi corazón. Decidí ir una última vez, era un domingo, y al terminar el culto cuando ya me iba decepcionado, convencido una vez más de que "no había nada, que estábamos solos, que todo era una farsa de ilusión y fanatismo", los jóvenes de la iglesia me llamaron y me invitaron a orar con ellos en el patio, para no ser descortés o grosero y quedar mal, acepte pensando que perdería el tiempo. Comenzaron a orar por mí en voz alta uno tras otro, lo hacían con mucho entusiasmo y fe, al ver tanto “fanatismo” yo pensaba “donde me he metido” y no veía la hora de que aquello terminara para irme. Mientras ellos oraban mi corazón se cerró y en mi mente comencé a hacer muchas preguntas en silencio “a un inexistente supuesto Dios”, uno de los jóvenes me dijo de parte de Dios “no me preguntes tantas cosas, solamente entrégame tu corazón”. Tenía los ojos cerrados y sin embargo “vi como una bola de fuego venía desde el cielo y me pegaba en el pecho”, sentí que algo me quemaba y caí de espaldas contra la pared, me levante corriendo y me metí en la iglesia que ya estaba vacía, no había nadie, me arrodille debajo del último banco con el rostro entre mis rodillas, el pecho me ardía, era como si algo se estuviera quemando dentro de mí, sentí un gozo y una paz indescriptibles y lloré y lloré confesando mis pecados y adorando a Dios aunque nadie me había enseñado como hacerlo y yo siempre había creído que era una buena persona, que no tenía pecados. Cuando por fin pude levantarme me sentí una nueva persona, veía y entendía la vida de forma diferente. Sentía una paz extraordinaria, que me acompaña hasta el día de hoy. Esa noche al regresar a casa, mientras esperaba el tren en la estación de Liniers, veía a las personas de forma distinta; tenía un paquete de cigarrillos casi terminado en un bolsillo y otro sin empezar en otro bolsillo, fumaba desde los trece años porque desde esa edad había estudiado de noche con personas adultas, que me habían iniciado en el hábito de fumar, sentí que eso era algo sucio y tomé los dos paquetes de cigarrillos y los arrojé a las vías del tren; nunca más desde ese día he tocado un cigarrillo. Comencé a leer la biblia y tenía la sensación de que todo lo que leía era algo conocido, como si ya la hubiera leído anteriormente, como un "deja vu", leía hasta altas horas de la noche y parecía que las palabras de la biblia me hablaran directamente, como si hubieran sido escritas para mí, entendía perfectamente cosas que muchas personas que llevaban años en la iglesia, no comprendían.

El porqué de este libro

Con el transcurso de los años realicé distintos estudios de teología y al estudiar las grandes doctrinas de la biblia, descubrí que ellas me ayudaban a comprender mejor no solo la obra de Jesús en la tierra, sino también su obra en los cielos y las consecuencias eternas de la misma. Soy consciente de que no todas las personas pueden realizar estudios teológicos profundos, por lo tanto no podrán disfrutar del conocimiento de muchas de las cosas extraordinarias que el Señor hizo y está haciendo por nosotros. El motivo de este libro es ayudarles a conocer de manera sencilla la maravillosa obra que Jesús realizó en los cielos al morir por nosotros en la cruz del calvario.

La biblia fue escrita por hombres elegidos y predestinados por Dios para esta tarea, quienes escribieron inspirados por el espíritu santo, sin embargo cuando estas personas escribían estaban viviendo en la tierra y por lo tanto no fueron testigos de todos los extraordinarios sucesos celestiales que nos relatan.

Pero hay en los cielos testigos presenciales que han vivido en toda su magnitud la maravillosa obra que Jesús realizó por nosotros y para su Padre. Los ángeles fueron testigos en primera persona, de todos esos sucesos celestiales y nadie mejor que uno de ellos podrá contárnoslos. De allí la idea de que un ángel nos contará a través de sus "memorias" la obra de Cristo en los cielos y sus consecuencias eternas.

Si este libro ayuda a alguna persona a disfrutar la vida cristiana con mayor intensidad y/o si logra que alguien tenga un mayor compromiso con Dios y su iglesia, habrá logrado su cometido para la gloria de Dios.

Juan José Mejías Tejero

Palabras de mi esposa Amalia

Nací en la ciudad de Buenos Aires, Argentina, y cuando tenía 17 años conocí al Señor de La Palabra. Un día le pedí en oración poder formar con mi amado Juanjo, una familia cristiana en la que tuviéramos muchos hijos; en su gran amor y bondad, Dios nos regaló cuatro hermosos hijos: Esteban, Ruth, Pablo y Laura, y seis preciosos nietos: Marian, Tomás, Giuliana Nicolás, Luciana y Pablo. Ahora gracias a la infinita misericordia de Dios estamos viviendo en el Mediterráneo, algo que yo también le había pedido al Señor, que nos trajera a vivir aquí, para que junto a mi querido esposo pudiéramos estar concentrados en las cosas de su reino. Deseo que aquellas personas que lean este libro, puedan acrecentar su fe como el grano de mostaza, Jesús dice: *"porque de cierto os digo, que si tuviereis fe como un grano de mostaza, diréis a este monte: Pásate de aquí allá, y se pasará; y nada os será imposible" (Mt 17:20), porque "sin fe es imposible agradar a Dios" (Heb11, 6)*

Que Dios les bendiga. Amén.

Amalia Buzzelli de Mejías

Capítulo 1

MOTIVO DE ESTE LIBRO

Dice Efesios 5: 15-17

"Mirad, pues, con diligencia cómo andéis, no como necios sino como sabios,

Aprovechando bien el tiempo, porque los días son malos.

Por tanto, no seáis insensatos, sino entendidos de cuál sea la voluntad del Señor".

1.1 Motivos

Siempre he querido escribir este libro, pero me costaba hacerlo por el temor a que no pudiera explicarme con claridad y que por lo tanto vosotros no me pudierais entender; comprenderéis que en mi condición de ángel las cosas y los conceptos de la vida son muy diferentes para mí ya que vivo en una dimensión distinta a la vuestra, y veo y entiendo las cosas de otra forma, con perspectiva eterna. Al igual que todos vosotros yo también fui creado por Dios, aunque como ya os dije, en otra dimensión y de una materia muy distinta a la humana, también tengo un cuerpo y sentimientos, y voluntad e inteligencia. Hay distintos tipos de cuerpos porque Dios le da a cada semilla el cuerpo que le corresponde. No todos los cuerpos son iguales; uno es el cuerpo del hombre, otro el de los animales, otro el de las aves y otro el de los peces. Del mismo modo, hay cuerpos celestiales también llamados "cuerpo espiritual" y cuerpos terrenales también llamados "cuerpo humano, cuerpo material o cuerpo animal" *(1 Cor 15.38-44)*. Otras características de los ángeles que nos hace diferentes a vosotros es que no envejecemos, ni morimos, ni nos casamos, ni tenemos descendencia *(Lc 20.35, 36)*. Además una gran diferencia que tenemos con vosotros, los humanos es que ustedes no pueden vernos, como tampoco podéis ver el mundo espiritual, salvo que por alguna razón el Señor os permita vernos como por ejemplo en 2 Reyes 6: 17: *"Y oró Eliseo, y dijo: Te ruego, oh Jehová, que abras sus ojos para que vea. Entonces Jehová abrió los ojos del criado, y miró; y he aquí que el monte estaba lleno de gente de a caballo, y de carros de fuego alrededor de Eliseo"*, como también en muchas otras ocasiones relatadas en la biblia.

Por el contrario nosotros sí podemos veros a vosotros como también al mundo material, de hecho una de nuestras misiones es protegeros y ayudaros.

En la dimensión celestial no hay materia visible a los ojos humanos y uno de los motivos de este libro es tratar de explicaros como es esa dimensión, incluyendo algunos sucesos anteriores a la creación de la materia visible, como el cosmos, la tierra y por supuesto el ser humano. Sé que es un tema muy complejo y difícil, pero trataré de esforzarme en utilizar un lenguaje sencillo y comprensible.

Este libro no es lo que llamáis un tratado de teología, aunque al tratarse de las cosas de Dios, indefectiblemente hay teología en el mismo. La gran mayoría de las cosas que os relato las tenéis vosotros escritas en distintos pasajes de la biblia, por lo que agrego a los relatos las respectivas referencias bíblicas para que podáis cotejarlas. Hay muchas otras cosas que vosotros no sabéis, son misterios no revelados por Dios y por lo tanto no puedo revelarlas. *"Las cosas secretas pertenecen a Dios y las reveladas a vosotros para que cumpláis con las leyes de Dios" (Dt 29.29)*; solamente me limitaré a contaros los sucesos celestiales revelados, desde mi perspectiva angelical.

1.2 El Tiempo

Me es muy difícil poder hablar del tiempo ya que ese concepto es muy distinto en mi dimensión. ¿Qué es el tiempo?, básicamente vosotros los seres humanos medís el tiempo relacionándolo con la duración del movimiento de los astros, de manera que al tiempo que tarda la tierra en girar sobre si misma le llamáis un día, y lo dividís en dos partes, la mitad en que es alumbrada por el sol la llamáis día y la mitad en que es alumbrada por la luna la llamáis noche, luego al "tiempo" que tarda la tierra en dar una vuelta alrededor del sol lo llamáis año, al año lo dividís en meses, a los meses en semanas , a las semanas en días y al día lo dividís en horas, a las horas en minutos y a los minutos…..pero que os voy a contar si todo esto lo sabéis muy bien, así funcionan las cosas en la dimensión humana, la terrenal. En la dimensión celestial todo es diferente ya que no hay necesidad de sol ni de luna que brille en ella; porque Dios es luz y su gloria la ilumina *(Is 60.19, Ap 21.23)*, por lo tanto no hay nada que medir, no hay tiempo tal como vosotros lo conocéis.

Todos vosotros Estáis limitados por el tiempo y el espacio, si ocupáis un espacio físico y queréis trasladaros a otro necesitáis tiempo, o dicho de otra manera no podéis estar en dos sitios al mismo "tiempo", por lo tanto podemos decir que el tiempo tal como ustedes lo conocen, existe solo dentro del universo creado, el universo material. Por ejemplo: vosotros decís haber descubierto que la luz viaja a unos trescientos mil kilómetros por segundo, de manera que estando a oscuras, al encender una luz la misma recorrería esa distancia en un segundo. Pero en el Cielo no hay oscuridad porque Dios es luz y por lo tanto no hay tinieblas; ¿cómo podríamos calcular a qué velocidad viaja la luz de Dios que nunca se apaga y todo lo llena no necesitando trasladarse?

Dice Efesios 5: 15-16

"Mirad, pues, con diligencia cómo andéis, no como necios sino como sabios, aprovechando bien el tiempo, porque los días son malos".

1.3 El Tercer Cielo

Vivo en un lugar que llamaremos "El Tercer Cielo" *(1º Co 12.2)*, no es el cielo que rodea la atmósfera terrestre que contiene el aire, las nubes, la lluvia... ese sería digamos "el primer cielo"; ni tampoco es el cielo que contiene al firmamento con millones de millones de astros, estrellas, planetas, galaxias, constelaciones... no ese sería digamos "el segundo cielo". Esos cielos son cielos materiales creados de la misma materia que vuestro cuerpo y de igual manera están sometidos a las leyes de la física o de la química, o de cualquier otra ley que rija en la tierra o el universo. La creación material está continuamente gastándose, envejeciendo, hasta que un día se acabará, se desintegrará *(2 P 3.10-13; Ap 21.1)*. El "Tercer Cielo" se encuentra más allá del primero y el segundo, aunque al encontrarse en otra dimensión no es necesario viajar grandes distancias para llegar a él, porque puede estar entre vosotros.

Quiero utilizar una comparación terrenal que aunque dista mucho de la realidad, puede ayudaros a comprender la otra dimensión, la espiritual. Supongamos que a muchos kilómetros de distancia de donde estáis hay una emisora de radio que está emitiendo un programa de vuestro interés, y que vosotros tenéis en la mano un receptor de radio, pero apagado. Las ondas electromagnéticas de radio que llevan la voz del locutor del programa están pasando a vuestro lado, pero como están en una frecuencia de diferente longitud de onda de la que vuestro oído puede percibir, no la oís (el oído humano solo puede recibir ondas sonoras, no electromagnéticas), es como si estuvieran en otra dimensión, aunque están junto a vosotros. Para poder oírlas necesitáis encender el aparato de radio y al hacerlo, por medio de receptores y altavoces, el aparato traerá el sonido a vuestra frecuencia auditiva, a vuestra dimensión (al convertir las ondas electromagnéticas en sonoras).

De la misma manera mi Cielo se encuentra en otra dimensión que no puede ser percibida por ninguno de los cinco sentidos del hombre, y está formado por otra materia, la materia espiritual, de la cual también yo fui creado, esta materia no se gasta ni envejece, no necesita ni sol ni luna que brillen en ella, no se cansa ni sufre dolor, no necesita dormir ni comer, ya que la misma presencia de Dios la alimenta, y lo más importante no tiene "tiempo", de alguna manera todo es eterno, por lo tanto no tiene fin. Quiero tratar de explicarles el concepto de eternidad.

1.4 La Eternidad

La eternidad carece de tiempo tal como vosotros lo entendéis, todo sucede como si fuera en un presente continuo. Todas las cosas creadas tienen un principio, las cosas creadas en el Cielo tienen un comienzo que es el momento de su creación, por lo tanto no tienen una eternidad pasada anterior a su creación, sino solamente eternidad presente y eternidad futura. De igual manera toda vida creada tanto en el cielo como en la tierra o cualquier otra parte de la creación tiene un principio pero nunca tendrá fin, es eterna en el futuro. Solo Dios es completamente eterno sin principio ni fin, es el origen y la esencia de la vida, de él fluye y de él se alimenta. La vida, como su creador no tiene fin, nunca acabará ya que es sostenida por él y en el subsiste *(Col 1.17)*, nada puede finalizarla. Dios siempre ha existido, aún antes del tiempo, el propio Ser de Dios no consiste en una sucesión de momentos, al ser omnipresente, está totalmente presente en todas partes. Por lo tanto Dios puede ver todos los tiempos por igual así como instantáneamente. Y esto es así porque cuando hablo de "eternidad" estoy hablando de "no-tiempo". El tiempo es en sí mismo "cambio", medición de movimientos. El tiempo, tal como vosotros lo conocéis y medís, comenzó con la creación del universo cambiante. Dios es **Eterno** y no cambia, porque es **Inmutable**. Para Dios, no hay sucesión de tiempo, ni medición de duración ni de espacio; Para Dios hay sólo un "eterno presente"; Dios simplemente "Es". Ahora bien, debido a que vuestra inteligencia, comprensión y lenguaje son limitados ya que como consecuencia de haber pecado, el Espíritu de Dios se retiró de dentro de vosotros, os tengo que hablar de pasado, futuro y presente de Dios Pero en realidad estrictamente hablando, en Dios no hay ni pasado ni futuro *(Ex. 3. 14-15)* .

Para una mejor comprensión de mis relatos, voy a dividir la eternidad en tres partes a las que llamaré:

1. **Eternidad Pasada.** Se refiere a la eternidad anterior a la creación del hombre, y la materia visible al ojo y demás sentidos del cuerpo humano.

2. **Eternidad Presente.** Se refiere a la eternidad posterior a la creación de la materia y del hombre, la actualidad.

3. **Eternidad Futura.** Se refiere a los sucesos posteriores a la terminación de la materia visible (estos sucesos no serán tratados en este libro).

Capítulo 2

LA ETERNIDAD PASADA I

2.1 Relato De Mi Origen
2.2 El Trono De Dios
2.3 Los Atributos De Dios
2.4 La Fe

Dice el Salmo 90: 1,2

"Señor, tú nos has sido refugio de generación en generación.

Antes que naciesen los montes y formases la tierra y el mundo, desde el siglo y hasta el siglo, tú eres Dios".

2.1 Relato De Mi Origen

Quiero aclararles que Solamente lo que *Dios* ha escogido de Sí mismo para ser revelado, puede ser dado a conocer *(Dt 29.29)*. Por lo tanto no me es permitido revelar ninguna otra cosa que no haya sido explicada en las Sagradas Escrituras. Antes que fuera creado el universo, los cielos y la tierra, yo fui creado al igual que otros muchos millones de millones de ángeles; en realidad aunque yo soy solo un ángel, deben saber que hay muchos tipos o categorías de seres celestiales, y no todos nos llamamos igual ni tenemos las mismas funciones ya que además de los ángeles, también hay arcángeles -que por cierto algunos de ellos os han visitado en distintas ocasiones-, y muchos otros seres alados como por ejemplo los querubines, los serafines y otros seres vivientes creados para la gloria de Dios. La epístola a los hebreos en el capítulo 1, verso 14 dice de nosotros: *"¿No son todos los ángeles espíritus dedicados al servicio divino, enviados para ayudar a los que han de heredar la salvación?"*. Por lo tanto queda claro que fui creado por Dios para servirle, y en ese servicio muchas veces soy enviado para ayudaros en toda lucha espiritual, a todos aquellos que habéis de heredar la salvación de vuestras almas, como consecuencia de haber recibido a Cristo en vuestros corazones, por medio de la fe. Efesios 6:12 dice respecto a esto: *"Porque no tenemos lucha contra sangre y carne, sino contra principados, contra potestades, contra los gobernadores de las tinieblas de este siglo, contra huestes espirituales de maldad en las regiones celestes".* Por lo tanto en cumplimiento de la Palabra del Señor cuando dice *"No os dejare huérfanos, vendré otra vez"* *(Jn 14.18)*, no solo se refiere a que os enviará el Espíritu Santo, sino también que nos enviará a nosotros los ángeles para ayudaros en vuestra lucha espiritual.

2.2 El Trono De Dios

En un lugar elevado llamado "El Monte Del Testimonio", está el trono de Dios; cuando miro hacia allí me quedo extasiado con tanta majestuosidad, veo que alrededor del mismo hay una innumerable cantidad de seres alados ardientes, que irradian el fuego del señor, llamados serafines *(Is 6.2,6)* y otros seres, también alados llamados querubines *(2° S 6.2; Sal 80.1)* con aspecto como de carbones de fuego encendidos resplandecientes, y es tal su movimiento que parecen como relámpagos *(Ez 1.13)*; También hay veinticuatro tronos de seres con vestiduras blancas y aspecto de ancianos *(Ap 4.4)*. La visión del trono de Dios es extraordinaria y no hay palabras en ninguno de los idiomas terrenales para poder describirla. El aspecto del que está sentado en el trono es semejante a piedra de jaspe y de cornalina; y hay alrededor del trono un arco iris, semejante en aspecto a la esmeralda *(Ap 4.2, 3)*. Ese aspecto que comparo a piedras preciosas reflejan la pura y blanca luz del Señor, y actuando como un prisma la transforma en multitud de potentísimas luces de colores que me maravillan y encandilan ocultando el extraordinario aspecto del creador, ya que nadie podría resistir el ver tal majestad y gloria; y del trono salen relámpagos y truenos y voces de alabanza de seres vivientes que no cesan nunca de decir: *"Santo, santo, santo es el Señor*

Dios Todopoderoso, el que era, el que es, y el que ha de venir". Cada vez que esos coros celestiales dan gloria y honra y acción de gracias al que está sentado en el trono y que vive por los siglos de los siglos con sus maravillosas alabanzas deleitando nuestras almas, los veinticuatro seres con aspecto de ancianos se postran delante del que está sentado en el trono y le adoran echando sus coronas delante del trono y diciendo: *"Señor, digno eres de recibir la gloria y la honra y el poder; porque tu creaste todas las cosas y por tu voluntad existen y fueron creadas" (Ap 4.3-11).*

Como podréis ver en el Cielo no hay aburrimiento ni depresión ni tristeza ni cansancio ni dolor, todo es una continua explosión de creación, de vida en la más extraordinaria de sus expresiones, y como habréis comprobado por mis relatos, en el Cielo hay coros y música de la más maravillosa, ya que Dios vive en medio de las alabanzas de su creación, y esas alabanzas son armoniosas y continuas.

2.3 Los Atributos O Cualidades De Dios

(Parte de este inciso está basado en el libro: "Los Atributos de Dios", Por A. W. Pink)

Aquí en "el cielo" todo es perfecto, nada puede fallar nunca porque Dios está sentado en su trono, desde donde gobierna y sostiene toda la creación *(Sal 11.4)* por medio de los atributos o cualidades propios de su ser, de su naturaleza que nunca cambian. El conocimiento de esos atributos hace posible que nosotros, los seres celestiales, entre los que nos encontramos los ángeles, tengamos una fe inquebrantable en la persona de Dios.

Algunos de sus atributos son solamente propios de su naturaleza y por lo tanto no pueden ser transferidos a la creación, son intransferibles, como por ejemplo que:

a) **Dios Es Luz**, no que "tiene" luz, sino que él "**es**" luz y no hay ninguna tiniebla en él *(1 Jn. 1.5)*, por lo tanto todo lo ve, no hay nada que pueda estar oculto ante sus ojos. El creó los millones de soles del universo, aunque ni todos ellos juntos se pueden comparar remotamente a la luz que emana de su trono. El sol irradia una potente luz, pero esa luz tan importante y necesaria para la vida y el sostenimiento de la tierra, "no es Dios" (es notable que muchas culturas antiguas -y aun algunas actuales- adoraron al sol como dios). La luz de Dios es la que ilumina el alma, las ideas, los pensamientos, los sentimientos, los actos creativos, la generosidad y muchísimas más cosas buenas que hay en el "corazón del hombre, hecho a imagen de Dios". "Dios es luz" lo cual es lo opuesto a las tinieblas. Las tinieblas, representan todo lo contrario a Dios, el pecado, el mal, la muerte; la luz de Dios representa la santidad, la bondad, la vida. El apóstol San Juan Dice: *"Porque de tal manera amó Dios al mundo, que ha dado a su Hijo unigénito, para que todo aquel que en él cree, no se pierda, más tenga vida eterna. Porque no envió Dios a su Hijo al mundo para condenar al mundo, sino para que el mundo sea salvo por él. El que en él cree, no es condenado; pero el que no cree, ya ha sido condenado, porque no ha creído en el nombre del unigénito Hijo de Dios.* ***Y esta es la condenación: que la luz vino al mundo, y los hombres amaron más las tinieblas que la luz, porque sus obras eran malas. Porque todo aquel que hace lo malo, aborrece la luz y no viene a la luz, para que sus obras no sean reprendidas. Más el que practica la verdad viene a la luz, para que sea manifiesto que sus obras son hechas en Dios"*** *(Jn 3:16-21)*. Que "Dios es luz" significa también que Él es la suma de todas las excelencias existentes; además:

b) El Es Eterno, *(Is 40.28)* solo Dios es verdadera y completamente eterno sin principio ni fin, ya que no fue creado, sino que Él es el creador y sustentador de todas las cosas, las visibles (materiales) y las invisibles (Celestiales).

El Dios que se os revela en la Biblia, siempre ha existido y continuará existiendo en el futuro. Él es conocido como el Dios Eterno. El nombre hebreo *Olam* significa "para siempre, perpetuo, viejo, antiguo", implicando que existe un futuro y un pasado infinitos. *"Antes que naciesen los montes y formases la tierra y el mundo, desde el siglo y hasta el siglo, tú eres Dios" (Sal 90:2)*. Los principios de las leyes de la naturaleza, el principio del tiempo, y de la existencia de este mundo todos son el resultado de Dios, el Creador que posee sabiduría y poder eternos. Él existía antes del tiempo y de los mundos.

A veces, vosotros pensáis que el Dios Eterno es completamente independiente o distante de cualquier acontecimiento o de las acciones que ocurren en vuestras vidas. La eternidad de Dios puede ser explicada como: "Dios no tiene principio, ni fin, ni sucesión de momentos en su propia existencia, y ve todo el tiempo por igual vívidamente; aun así, Dios ve los acontecimientos en el tiempo y actúa a tiempo". Esta doctrina es llamada con frecuencia por los teólogos, **la doctrina de la infinitud de Dios con respecto al tiempo**. Ser "infinito" significa ser ilimitado. Esta doctrina enseña que el tiempo no limita a Dios ni lo cambia de ninguna manera.

Dios es eterno en Su propia existencia. El Salmo 90, el cual muchos de vosotros creéis que es una oración de Moisés, instruye a los israelitas a honrar la naturaleza eterna de Dios mediante sus oraciones. El salmo contrasta la eternidad de Dios con la vida frágil y breve del hombre. El hombre debe hacerse a la idea del escaso número de sus días en comparación con un Dios santo y eterno. Asimismo, en Job 36:26, Eliú dice de Dios: *"He aquí, Dios es grande, ¡y nosotros no le conocemos! Ni se puede seguir la huella de sus años"*. Los años de Dios son innumerables e interminables en contraste con los pocos años del hombre. Inclusive Job se lamenta de que sus días y meses están determinados por Dios, con límites de tiempo que él no puede pasar *(Job 14:5)*.

Dios es eterno y como consecuencia de su eternidad, también:

c) **Es Inmutable**, lo cual significa, que es inalterable, nunca cambia; es decir que Dios es absolutamente digno de confianza o fidedigno, podemos confiar plenamente en él porque nunca nos defrauda. *(Mal 3.6; Nm 23.19)*. Aunque todas las criaturas estén sujetas a cambios, Dios es inmutable. El no conoce cambio alguno porque no tiene principio ni fin. Dios es por siempre. En primer lugar, Dios es inmutable en esencia. Su naturaleza y ser son infinitos y, por lo tanto, no están sujetos a cambio alguno. Nunca hubo un tiempo en el que El no existiera; nunca habrá día en el que deje de existir. Dios nunca ha evolucionado, crecido o mejorado. Lo que es hoy ha sido siempre y siempre será. Dios afirma: *"Yo El Señor no cambio" (Mal 3:6)*. Es su propia afirmación absoluta. No puede mejorar, porque es perfecto; y, siendo perfecto es totalmente imposible que algo externo le afecte, Dios no puede cambiar ni en bien ni en mal: es el mismo perpetuamente. Sólo él puede decir: *"Yo soy el que soy" (Ex 3:14)*. El correr del tiempo no le afecta en absoluto. En el rostro eterno no hay vejez. Por lo tanto, su poder nunca puede disminuir, ni su gloria palidecer.

En segundo lugar, Dios es inmutable en sus atributos. Cualesquiera que fuesen los atributos de Dios antes que el universo fuera creado, son ahora exactamente los mismos, y así permanecerán para siempre. Es necesario que sea así, ya que tales atributos son las perfecciones y cualidades esenciales de su ser. Su poder es indestructible, su sabiduría infinita y su santidad no se puede mancillar. Como la deidad no puede dejar de ser, así tampoco pueden los atributos de Dios cambiar. Su veracidad es inmutable, porque su palabra *"permanece para siempre en los cielos" (Sal 119:89)*.

d) Dios Es Omnisciente, lo cual significa que conoce el pasado, presente y futuro, aun lo que estéis pensando en cualquier momento y las intenciones de vuestro corazón *(Sal 139.1-5; Pr 5.21)*. El no necesita consejo de nadie pues conoce todas las cosas, todo lo sabe, todo lo entiende, actúa y hace siempre todas las cosas según el designio de su voluntad *(Ef 1.11)*. *"No* *existe cosa creada que no sea manifiesta en su presencia. Más bien, todas están desnudas y expuestas ante los ojos de aquel a quien tenemos que dar cuenta" (Heb 4.13).* Dios es omnisciente, lo conoce todo, todo lo posible, todo lo real, todos los acontecimientos y todas las criaturas del pasado, presente y futuro. Conoce perfectamente todo detalle en la vida de todos los seres que están en el cielo, en la tierra y *"conoce lo que hay en las tinieblas" (Dan 2.22).* Nada escapa a su atención, nada puede serle escondido, no hay nada que pueda olvidar. Su conocimiento es perfecto; nunca se equivoca, ni cambia, ni pasa por alto alguna cosa *(Sal 139.2-4).*

e) Dios Es Omnipotente, lo cual significa que es todopoderoso; Él puede hacer todo lo que le agrada, pero Sus acciones siempre estarán de acuerdo con el resto de Su carácter *(Ap 19.6; Jer 32.17, 27).* Un ser **omnipotente** es aquel que no necesita a nadie para nada, es poderoso en todos los sentidos, tiene un poder inagotable y sin límites, un poder infinito e ilimitado. Job habló del poder de Dios en Job 42:2, *"Yo conozco que todo lo puedes, y que no hay pensamiento que se esconda de ti".* Job estaba reconociendo la omnipotencia de Dios para llevar a cabo Sus planes. También Moisés, fue recordado por Dios que Él tenía todo el poder para llevar a cabo Sus propósitos respecto a los israelitas: *"Entonces Jehová respondió a Moisés: ¿Acaso se ha acortado la mano de Jehová? Ahora verás si se cumple mi palabra, o no" (Nm 11.23).*

En ninguna otra parte la omnipotencia de Dios es apreciada más claramente que en la creación. *"Dios dijo, Sea... y fue" (Gn 1.3, 6, 9, etc.)* El hombre necesita herramientas y materiales para crear; Dios simplemente habla, y por el poder de Su Palabra, todo fue creado de la nada. *"Por la palabra de Jehová fueron hechos los cielos, y todo el ejército de ellos por el aliento de su boca" (Sal 33.6).* Juan 1:1 dice: ***"En el principio era** el Verbo* -La Palabra-, *y el Verbo* **era** *con Dios, y el Verbo **era***

Dios". (En este pasaje de la Biblia, la frase "el Verbo" es una traducción de la palabra griega "Logos").

El poder de Dios también se ve en la preservación de Su creación. Toda la vida sobre la tierra perecería si no fuera por la continua provisión de Dios de todo lo que necesitáis para comer, vestir y habitar; todos los recursos renovables son provistos y sostenidos por Su poder, como el preservador del hombre y la bestia *(Sal 36.6)*. Los mares que cubren casi toda la tierra y sobre los que sois impotentes, os arrollarían si Dios no hubiera prescrito sus límites *(Job 38.8-11)*.

f) Dios Es Incomparable, lo cual significa que no hay nadie como Él en obras o existencia; es inigualable y perfecto *(2° S 7.22; Sal 86.8; Is 40.25; Mt 5.48)*.

g) Dios Es Inescrutable, lo cual significa que no tiene límite, no se lo puede llegar a conocer por completo, es insondable *(Is 40.28; Sal 145.3; Ro 11.34)*.

h) Dios Es Imparcial, lo cual significa que no hace distinción de personas en el sentido de mostrar favoritismo por nadie ni por nada *(Dt 32.4; Sal 18.30)*.

i) Dios Es Uno, lo cual significa que no solamente no hay otro, sino que también es el único en poder cubrir las necesidades más profundas y anhelos de nuestros corazones, y sólo Él es digno de nuestra adoración y devoción *(Dt 6.4)*. Aunque Él se revela como Padre, Hijo y Espíritu Santo, lo que los teólogos llaman "La doctrina de la Trinidad", significa que el eterno Dios es tres en persona y uno en esencia: la persona del Padre, del Hijo y del Espíritu Santo. El concepto de la Trinidad no hace referencia a tres Dioses distintos sino a un mismo Dios en tres personas.

Aunque la palabra Trinidad no está dicha explícitamente en las Escrituras, diversos pasajes muestra esta realidad *(por ejemplo: Jn 10.30, 1 Cor 6.8, 2 Cor 13.14, Mt 3.16-17, 1 Jn 5.7-8).*

La Trinidad no implica tres maneras distintas de ver a Dios: la Biblia misma indica que el Padre, el Hijo y el Espíritu son tres personas distintas *(Jn 3.16, Jn 16.10, Hch 2.33),* y Una de las mejores evidencias de que en realidad son tres personas distintas son los diálogos continuos que el Padre tenía con el Hijo mientras este estaba en la tierra *(Mt 3.17, Jn 5.19; 11.41-42).*

El hecho de que cada miembro de la Trinidad sea una persona distinta, no quiere decir que uno sea inferior a otro: los tres son idénticos en atributos. La Trinidad no divide a Dios en tres partes. Cada una de las personas de la Trinidad son 100% Dios. Colosenses 2:9 dice que *"en Cristo habita corporalmente **toda la plenitud** de la Deidad"*, nótese que no dice que habita una parte de Dios, sino *"toda la plenitud"*.

Uno de los pasajes que más claramente muestra la existencia de la Trinidad es La Gran Comisión: **"***Vayan, pues, y hagan discípulos de todas las naciones, bautizándolos en el nombre del Padre y del Hijo y del Espíritu Santo" (Mt 28.19).*

El concepto de la Trinidad aparece desde el Antiguo Testamento. Algunos ejemplos: *"Y dijo Dios* (Padre, Hijo y Espíritu Santo)*: Hagamos al hombre a Nuestra imagen, conforme a Nuestra semejanza" (Génesis 1.26).* Es notable que esta forma plural -hagamos- se refiere al diálogo inter-trinitario. *"La tierra estaba sin orden y vacía, y las tinieblas cubrían la superficie del abismo, y el Espíritu de Dios se movía de sobre la superficie de las aguas" (Génesis 1:2).* El Espíritu de Dios es mencionado aquí de manera directa, y luego Juan 1:1 nos traslada a la Creación mostrándonos al Hijo involucrado. Juan 1:3 dice: *"Todas las cosas por él* -Jesús- ***fueron*** hechas, ***y sin*** él -Jesús-

nada de lo que ha sido ***hecho, fue hecho***. Y luego en 1:10 dice: *"En el mundo estaba* -Jesús-, *y el mundo por Él* -Jesús- ***fue hecho****, pero el mundo no le conoció".*

Cada una de las personas de la Trinidad juega un papel fundamental en el proceso de salvación del hombre:

El Padre: La salvación se origina en el Padre. Él es el administrador de nuestra salvación, *"Porque Dios nos escogió en Cristo antes de la fundación del mundo, para que fuéramos santos y sin mancha delante de Él. En amor nos predestinó para adopción como hijos para sí mediante Jesucristo, conforme a la buena intención de Su voluntad" (Ef 1.4-5)*.

El Hijo: La salvación tiene su fruto en el Hijo. Todo lo que el Padre hace para nuestra salvación lo hace a través de Él. Es a través de la obra redentora del Hijo que podemos tener perdón por nuestros pecados: *"En El tenemos redención mediante Su sangre, el perdón de nuestros pecados según las riquezas de Su gracia que ha hecho abundar para con nosotros. En toda sabiduría y discernimiento nos dio a conocer el misterio de Su voluntad, según la buena intención que se propuso en Cristo" (Ef 1.7-9).*

El Espíritu Santo: El Espíritu Santo es el que produce la obra de regeneración en nosotros. Él es el sello de nuestra salvación, *"En El también ustedes, después de escuchar el mensaje de la verdad, el evangelio de su salvación, y habiendo creído, fueron sellados en Él con el Espíritu Santo de la promesa, que nos es dado como garantía de nuestra herencia, con miras a la redención de la posesión adquirida de Dios, para alabanza de Su gloria" (Ef 1.13-14).*

j) **Dios Es Soberano**, lo cual significa que es supremo, que su voluntad siempre se cumple; toda su creación junta, a sabiendas o ignorando, no puede impedir Sus propósitos *(Sal 93.1; 95.3; Jer 23.20)*. Dios dice: *"Mi consejo permanecerá, y haré todo lo que quisiere" (Isa. 46.10)* La Soberanía de Dios puede definirse como el ejercicio de su supremacía. Dios es el Altísimo, el Señor del cielo y de la tierra está exaltado infinitamente por encima de la más eminente de las criaturas. Él es absolutamente independiente; no está sujeto a nadie, ni es influido por nadie. Dios actúa siempre y únicamente como le agrada. Nadie puede frustrar ni detener sus propósitos. Su propia Palabra lo declara explícitamente: *"En el ejército del cielo, y en los habitantes de la tierra, hace según su voluntad: ni hay quien estorbe su mano" (Dan. 4.35)*. La soberanía divina significa que Dios lo es de hecho, así como de nombre, y que está en el Trono de la creación, tanto del mundo espiritual como del universo, dirigiendo y actuando en todas las cosas *"según el consejo de su voluntad" (Ef 1.11)*.

k) **Dios Es Espíritu**, lo cual significa que es invisible a la creación material *(Jn 1.18; 4.24)*. "Dios es Espíritu" en el sentido más elevado. Por ser "Espíritu" no tiene sustancia visible ni perceptible por ninguno de vuestros sentidos, es incorpóreo. Si Dios tuviera un cuerpo tangible, no sería omnipresente y estaría limitado a un lugar, sin embargo…

l) **Dios Es Omnipresente**, lo cual significa que al ser "Espíritu" llena los cielos y la tierra, siempre está presente en todas partes *(Sal 139.7-13; Jer 23.23)*.

Otros son atributos morales y aunque también son propios de su carácter y personalidad, sin embargo pueden ser transferidos de manera relativa o limitada a la creación, son transferibles. Creo importante contaros solo algunos de ellos como ejemplo que:

m) **Dios Es Amor** *(1º Jn 4.8, 16)*, no significa simplemente que Dios "ama", en Dios el amor no es un sentimiento sino que Él es el amor mismo, no que "tiene" o "siente" amor, sino que Él es la misma esencia del amor, puro afecto, bondad, compasión, devoción, honestidad, integridad, misericordia, nuestra alma está llena de su amor, o sea de él, porque él es amor. El amor de Dios es inherente. Quiero decir que no hay nada en los objetos de su amor que pueda provocarlo, ni nada en nosotras sus criaturas que pueda atraerlo o impulsarlo. El amor que una criatura siente por otra es producido por algo que hay en ésta; pero el amor de Dios es gratuito, espontáneo, inmotivado. La única razón de que Dios ame a alguien reside en su voluntad soberana. *"no por ser vosotros más que todos los pueblos os ha querido El Señor, y os ha escogido, pues vosotros erais el más insignificante de todos los pueblos; sino porque El Señor os amó" (Dt 7.7, 8)*. Dios ha amado a los suyos desde la eternidad, y, por lo tanto, nada que sea de la criatura puede ser la causa de su amor. El ama por sí mismo *"según el propósito suyo" (2Tim. 1.9)*. *"Nosotros le amamos a él, porque él nos amó primero" (1Jn 4.19)*. Dios no nos amó porque nosotros le amábamos, sino que nos amó antes de que tuviésemos una sola partícula de amor hacia él. Si Dios nos hubiera amado correspondiendo a nuestro amor, no hubiera sido espontáneo; pero, porque nos amó cuando no había amor en nosotros, es evidente que nada influyó en su amor. El amor no es simplemente uno de sus atributos, es su misma naturaleza, y por lo tanto el desea transferirnos ese amor para que nos amemos los unos a los otros. Jesús os dijo: *"Un mandamiento nuevo os doy: Que os améis unos a otros; como yo os he amado, que también os améis unos a otros. En esto conocerán todos que sois mis discípulos, si tuviereis amor los unos con los otros" (Jn 13.34 ,35)*.

n) **Dios Es Santo**, lo cual significa que está separado de toda corrupción moral y es contrario a ella *(Lv 11.44)*, de igual manera desea que nosotros participemos de su santidad *(Lv*

11.44; 1 P 1.15, 16). En Él se halla la suma de todas las excelencias morales. Es pureza absoluta, sin la más leve sombra de pecado. La santidad es la misma excelencia de la naturaleza divina: el gran Dios es "magnífico en santidad" *(Ex. 15.11)*. Por eso leemos: *"muy limpio eres de ojos para ver el mal, ni puedes ver el agravio" (Hab. 1.13)*. De la misma manera que el poder de Dios es lo opuesto a la debilidad natural de las criaturas, y su sabiduría contrasta completamente con el menor defecto de entendimiento; su santidad es la antítesis de todo defecto o imperfección moral. Podríamos decir que El poder es la mano y el brazo de Dios, la omnisciencia sus ojos, la misericordia su entraña, la eternidad su duración, pero "la santidad es su hermosura". A esta perfección divina se le da un énfasis especial. Se llama santo a Dios más veces que todopoderoso, y se presenta esta parte de su dignidad más que ninguna otra. Esta cualidad va como calificativo junto a su nombre más que ninguna otra. En las escrituras nunca se habla de Su poderoso nombre, o Su sabio nombre, sino Su grande nombre, y, sobre todo, Su santo nombre. Este es su mayor título de honor; en ésta -la santidad- resalta toda la majestad y respetabilidad de su nombre. Esta perfección, como ninguna otra, es celebrada ante el trono del cielo por los serafines que claman: *"Santo, santo, santo es el Señor todopoderoso, toda la tierra está llena de su gloria" (Isa. 6.3)*.

Dios mismo destaca esta perfección: *"Una vez he jurado por mi santidad" (Sal. 89.35)*. Dios jura por su santidad porque ésta es la expresión más plena de sí mismo. Por ella nos exhorta: "Cantad al Señor, vosotros sus santos, y celebrad la memoria de su santidad" *(Sal. 30.4)*. Por ello leemos de la "hermosura del Señor" *(Sal. 27.4)*, la cual no es otra que la "hermosura de su santidad" *(Sal 110.3)*. "Esta excelencia destacada por encima de sus otras perfecciones, es la gloria de éstas; es cada una de las perfecciones de la deidad; así como su poder es el vigor de sus otras perfecciones, su santidad es la hermosura de las mismas;

de la misma manera que sin omnipotencia todo sería débil, sin santidad todo sería desagradable. Si ésta fuera manchada, el resto perdería su honra; esto sería como si el sol perdiera su luz, perdería al instante su calor, su poder y sus virtudes generadoras y vivificadoras. La pureza en Dios es el resplandor de todos los atributos de la divinidad.

Por todo esto Dios desea transferiros su santidad y por lo tanto os dice:

"Los profetas que profetizaron de la gracia destinada a vosotros, inquirieron y diligentemente indagaron acerca de esta salvación, escudriñando qué persona y qué tiempo indicaba el Espíritu de Cristo que estaba en ellos, el cual anunciaba de antemano los sufrimientos de Cristo, y las glorias que vendrían tras ellos. A éstos se les reveló que no para sí mismos, sino para nosotros, administraban las cosas que ahora os son anunciadas por los que os han predicado el evangelio por el Espíritu Santo enviado del cielo; cosas en las cuales anhelan mirar los ángeles (1 P 1.10-12).

Llamamiento a una vida santa

"Por tanto, ceñid los lomos de vuestro entendimiento, sed sobrios, y esperad por completo en la gracia que se os traerá cuando Jesucristo sea manifestado; como hijos obedientes, no os conforméis a los deseos que antes teníais estando en vuestra ignorancia; sino, como aquel que os llamó es santo, sed también vosotros santos en toda vuestra manera de vivir; porque escrito está: ***Sed santos, porque yo soy santo.***

Y si invocáis por Padre a aquel que sin acepción de personas juzga según la obra de cada uno, conducíos en temor todo el tiempo de vuestra peregrinación sabiendo que fuisteis rescatados de vuestra vana manera de vivir, la cual recibisteis de vuestros padres, no con cosas corruptibles, como oro o plata, sino con la sangre preciosa de Cristo, como de un cordero sin mancha y sin contaminación, ya destinado desde antes de la fundación del mundo, pero manifestado en los postreros tiempos por amor de vosotros, y mediante el cual creéis en Dios, quien le resucitó de los muertos y le ha dado gloria, para que vuestra fe y esperanza sean en Dios.

Habiendo purificado vuestras almas por la obediencia a la verdad, mediante el Espíritu, para el amor fraternal no fingido, amaos unos a otros entrañablemente, de corazón puro; siendo renacidos, no de simiente corruptible, sino de incorruptible, por la palabra de Dios que vive y permanece para siempre (1P 1.13-23).

ñ) Dios Es Justo, lo cual significa que no puede y no va a pasar por alto la maldad; sin embargo puesto que conoce todo, Su justicia siempre será administrada imparcialmente *(Ex 9.27; Ro 3.21-26).* Debido a este atributo tenéis la garantía de que en "el juicio final" Dios obrara de acuerdo a su perfecta justicia.

El juicio ante el gran trono blanco

"Y vi un gran trono blanco y al que estaba sentado en él, de delante del cual huyeron la tierra y el cielo, y ningún lugar se encontró para ellos.

Y vi a los muertos, grandes y pequeños, de pie ante Dios; y los libros fueron abiertos, y otro libro fue abierto, el cual es el libro de la vida; y fueron juzgados los muertos por las cosas que estaban escritas en los libros, según sus obras.

Y el mar entregó los muertos que había en él; y la muerte y el Hades entregaron los muertos que había en ellos; y fueron juzgados cada uno según sus obras.

Y la muerte y el Hades fueron lanzados al lago de fuego. Esta es la muerte segunda.

Y el que no se halló inscrito en el libro de la vida fue lanzado al lago de fuego" (Ap 20.11-15).

Vivid como hijos de Dios

"Mirad cuál amor nos ha dado el Padre, para que seamos llamados hijos de Dios; por esto el mundo no nos conoce, porque no le conoció a él.

Amados, ahora somos hijos de Dios, y aún no se ha manifestado lo que hemos de ser; pero sabemos que cuando él se manifieste, seremos semejantes a él, porque le veremos tal como él es.

Y todo aquel que tiene esta esperanza en él, se purifica a sí mismo, así como él es puro.

Todo aquel que comete pecado, infringe también la ley; pues el pecado es infracción de la ley.

Y sabéis que él -Jesús- apareció para quitar nuestros pecados, y no hay pecado en él.

Todo aquel que permanece en él, no peca; todo aquel que peca, no le ha visto, ni le ha conocido.

Hijitos, nadie os engañe; el que hace justicia es justo, como él es justo.

El que practica el pecado es del diablo; porque el diablo peca desde el principio. Para esto apareció el Hijo de Dios, para deshacer las obras del diablo.

Todo aquel que es nacido de Dios, no practica el pecado, porque la simiente de Dios permanece en él; y no puede pecar, porque es nacido de Dios.

En esto se manifiestan los hijos de Dios, y los hijos del diablo: todo aquel que no hace justicia, y que no ama a su hermano, no es de Dios.

Porque este es el mensaje que habéis oído desde el principio: Que nos amemos unos a otros" (1 Jn 3.1-11).

o) Dios Es Verdad, lo cual significa que está de acuerdo con todo lo que es, Él va a permanecer siempre incorruptible y no puede mentir *(Sal 117.2; 1° S 15.29).* El hombre miente continuamente según su conveniencia y deseos, pero Dios es "la verdad". Sin duda alguna muchos de vosotros nunca habéis dado falso testimonio en un juicio. Pero en un sentido más amplio, el faltar a la verdad, también se refiere al que toma a la ligera sus promesas, o las niega. Se refiere a *"la calumnia, la difamación, las mentiras, la exageración deliberada y el maquillaje de la verdad. Podéis decir mentiras o dar un falso testimonio si contáis habladurías o las escucháis riéndoos de los demás, creando falsas impresiones, no corrigiendo afirmaciones erróneas... mediante vuestras palabras pero también mediante vuestros silencios" (John Stott).* La mentira, el falso testimonio y la calumnia no solo hieren a vuestro prójimo, sino que deshonran a Dios. *"El Señor aborrece... la lengua mentirosa, las manos derramadoras de sangre inocente" (Pr 6.16-17).* David decía a Dios: *"Tú amas la verdad en lo íntimo" (Sal 51.6).* El apóstol Pablo declaró: *"El amor... no se goza de la injusticia, más se goza de la verdad" (1 Co 13.4-6).* ¿Cómo podéis mejorar en este ámbito? Siendo conscientes de que *"de la abundancia* *del corazón habla la boca"* (*Mt 12.34*), y que vuestro corazón solo cambia cuando pertenece a Jesús. Si estáis llenos de vosotros mismos, deformareis la verdad para vuestra conveniencia. Pero si Cristo es el Señor de vuestra vida, su verdad vivirá en vosotros; entonces vuestras palabras serán más verdaderas y bondadosas.

p) Dios Es Afable Y Benigno, esto incluye Su bondad, benevolencia, misericordia, amor y paciencia, las cuales son palabras que dan tintes de significado a Su bondad. Si no fuera por la gracia de Dios, parecería que el resto de Sus atributos os excluirían de Él. Afortunadamente este no es el caso, porque El desea conocer a cada uno personalmente (*Ex 22.27; Sal 31.19; 1º P 1.3; Jn 3.16; Jn 17.3*). La benignidad de Dios se manifiesta en los innumerables beneficios de orden natural y sobrenatural con que os obsequia a vosotros por pura benevolencia, haciéndoos participar de su bondad. La paciencia es una parte de la bondad y misericordia de Dios, y, sin embargo siendo Dios la bondad más grande, tiene la mayor benignidad; la benignidad es siempre la compañera de la verdadera bondad, y cuanto mayor la bondad, mayor la benignidad. La lentitud de Dios para la ira es una consecuencia de su misericordia: *"Clemente y misericordioso es El Señor, lento para la ira, y grande en misericordia"* (*Sal 145:8*). Dios quiere que seamos benignos entre nosotros: *"Quítense de vosotros toda amargura, enojo, ira, gritería y maledicencia, y toda malicia. Antes sed benignos unos con otros, misericordiosos, perdonándoos unos a otros, como Dios también os perdonó a vosotros en Cristo"* (*Ef 4.31-32*)

Podría estar mucho "tiempo" escribiendo sobre los atributos de Dios, pero como eso sería interminable, espero que con los que ya os he contado os baste para que obtengáis el conocimiento suficiente, para que os ayude a lograr tener una fe y un amor inquebrantables en la persona de Dios.

2.4 La Fe *(Heb 11)*

Como os podéis imaginar, en el Cielo hay un orden perfectamente establecido para todas las cosas, hay leyes o mandamientos y normas que permiten que toda la creación funcione en perfección y armonía, cada cual tiene una misión, y una de las misiones que tenemos los ángeles es asistir y servir a Dios para que Su perfecta voluntad se cumpla siempre sin fallo o error alguno. Pertenezco a la familia de Dios, él es nuestro Padre, madre, guía, sostenedor, ejemplo; está continuamente enseñándonos, sustentándonos, llenándonos de su amor. En él estamos completamente realizados como seres vivos plenos y felices.

El motor que mueve toda la creación, tanto la celestial como la terrenal es la fe. Para mí el concepto de la fe es diferente al de vosotros; **para vosotros la fe tiene dos componentes**, uno se refiere a creer **"en"** Dios, eso implica que dado que Dios está en una dimensión celestial, invisible a vuestros cinco sentidos que os sirven para comunicaros con el mundo terrenal, no podéis verlo con vuestros ojos, por lo tanto para vosotros la fe requiere que podáis creer en Dios sin verlo lo cual conlleva una bienaventuranza *(Jn 20.29)*. El segundo componente se refiere a creer **"a"** Dios, esto implica que una vez que creáis en la existencia de Dios sin verlo, debéis creer también en su palabra, sus enseñanzas, sus mandamientos, y que como dice Hebreos 11.6: *"es galardonador* –premiador- *de los que le buscan".*

Para nosotros los seres espirituales, el primer componente de la fe no es necesario ya que con los sentidos de nuestro cuerpo celestial sí podemos "ver" la Persona divina en toda su gloria y majestad; por lo tanto solo nos es necesario el segundo componente, creer "a" Dios lo cual es relativamente sencillo ya que conociéndolo y viviendo bajo sus leyes y atributos sería una necedad imposible de un ser celestial creado por él, no creerle. Por otro lado no necesitamos tener sus mandamientos escritos en un libro, ya que los llevamos grabados en nuestras mentes y en nuestros corazones. Por lo tanto podemos decir que la fe es el don que mueve la creación; por la fe Dios hace de la nada todo lo creado, solamente por su voluntad y a través de su Palabra *(Heb 11.3).*

Además la verdadera fe implica tener la seguridad de que Dios cumplirá, en su tiempo, todo lo que ha prometido y que por lo tanto estamos seguros que recibiremos lo que esperamos, de acuerdo a la voluntad de Dios.

Dios no satisface el capricho de nadie, solamente promete darnos todo aquello que esté de acuerdo a su voluntad expresada claramente en su Palabra. La fe es un sentimiento de total creencia o asentimiento en relación con Dios y, como tal, se manifiesta por encima de la necesidad de poseer evidencias que demuestren la verdad de aquello en lo que se cree. La palabra fe proviene del latín "fides", que significa "lealtad", "fidelidad"

La fe de los cristianos se basa en la obra y enseñanzas de Jesús de Nazaret. El cristianismo declara no caracterizarse por la fe, sino por el objetivo de la fe... *"Es, pues, la fe la certeza de lo que se espera, la convicción de lo que no se ve" (Heb 11.1).*

"No es una gran fe, sino una verdadera fe la que salva, y la salvación no está en la fe, sino en Cristo en quien la fe confía" (Charles Spurgeon). Muchas personas tienen una gran fe en varios ídolos, o en "dioses" de distintas religiones, pero por más grande que sea esa fe no los puede salvar en el juicio final, dado que el "objeto" de esa fe es equivocado, inexistente o simplemente fruto de la imaginación o superstición. Muchas veces esos dioses fueron creados por hombres que desecharon o rechazaron la revelación del verdadero Dios a través de su palabra. (Como os relato en el capítulo 5:6 de este libro, el hombre sigue cosiendo hojas de higuera para justificar sus pecados desobedeciendo al Dios verdadero)

¿Para qué sirve la fe? La fe por definición es creer en lo que no se puede probar. Tener fe es "ACEPTAR" lo que Dios permite en vuestra vida aunque no lo entendáis, aunque no os guste. Si tuvierais la capacidad de ver el fin desde el principio tal como Él lo ve, entonces podríais saber por qué a veces conduce vuestra vida por sendas extrañas y contrarias a vuestra razón y a vuestros deseos. Y no podéis hacerlo si no disponéis del mecanismo de la fe, que es un don de Dios: *"Porque no es de todos la fe."* (2 Ts 3.2), la fe ciertamente no es de todos, sino de aquellos a quien Dios se la ha dado, por eso… *"Dijeron los apóstoles al Señor: Auméntanos la fe"* (Lc 17.5).

La fe es un gran valor espiritual y moral del ser humano que ilumina vuestros ideales y os da confianza para la realización de grandes empresas. Es una fuente de disciplina y poder, y da sentido a la vida de los creyentes. Es una fuerza poderosa en la experiencia humana, porque proviene de Dios y Él por medio de la fe "hace y sostiene todas las cosas". *"Por la fe entendemos haber sido constituido el universo por **la palabra***

***de Dios**, de modo que lo que se ve fue hecho de lo que no se veía" (Heb 11.3).*

Dice la epístola a los Hebreos 11:1, 2, 3,6

"Es, pues, la fe la certeza de lo que se espera, la convicción de lo que no se ve.

Porque por ella alcanzaron buen testimonio los antiguos.

Por la fe entendemos haber sido constituido el universo por la palabra de Dios, de modo que lo que se ve fue hecho de lo que no se veía.

Pero sin fe es imposible agradar a Dios; porque es necesario que el que se acerca a Dios crea que le hay, y que es galardonador de los que le buscan".

Capítulo 3

(Parte de este capítulo está basado en el libro "La Historia de Satanás y los Ángeles Caídos", **Por software.intel.com**)

LA ETERNIDAD PASADA II

Dice Ezequiel 28:12-15

"Tú eras el sello de la perfección, lleno de sabiduría, y acabado de hermosura.

En Edén, en el huerto de Dios estuviste; de toda piedra preciosa era tu vestidura; de cornerina, topacio, jaspe, crisólito, berilo y ónice; de zafiro, carbunclo, esmeralda y oro; los primores de tus tamboriles y flautas estuvieron preparados para ti en el día de tu creación.

Tú, querubín grande, protector, yo te puse en el santo monte de Dios, allí estuviste; en medio de las piedras de fuego te paseabas.

Perfecto eras en todos tus caminos desde el día que fuiste creado, hasta que se halló en ti maldad".

3.1 La Creación De Lucero

Había en el cielo más actividad de lo normal, ángeles que iban de aquí para allá, Arcángeles organizando a varias legiones, grandes coros de serafines preparándose con esmero para una ocasión importante; algo muy grande estaba sucediendo: El Señor creaba a un querubín que era el sello de la perfección, lleno de sabiduría y de completa hermosura, sus vestiduras estaban adornadas con toda clase de piedras preciosas, cornalina, topacio, jaspe, crisólito, berilo y ónice, de zafiro, carbunclo, esmeralda y oro. Su nombre "Lucero" (el portador de luz del cielo) y su misión era estar en el santo monte de Dios donde está el mismo trono del Señor, paseándose en medio de las piedras de fuego, reflejando la gloria de Dios en todo su esplendor.

Era perfecto en todos sus caminos sin falta alguna y en obediencia perfecta a Dios, él era un "querubín grande y protector" *(Ez 28.14)*, sus hechos y conducta estaban por encima de toda sospecha, era justo e íntegro. Era un ser santo, guardián del trono de Dios, cumplía sus deberes sin falta alguna y en obediencia perfecta a Dios, gozando de Su confianza; al ser dotado con tan gran sabiduría, inteligencia y conocimiento profundo de los misterios del cielo y por razón de estos dones y habilidades singulares, Dios lo había exaltado a una alta posición y se le confiaron muchos de los secretos de la creación. A tal grado le fue dada autoridad que el cuidado del cielo estaba confiado en sus manos *(Is 14.12-15 y Ez 28.1-19)* y en esta posición clave no había secreto entre las huestes angelicales que estuviera escondido para él.

3.2 La Caída De Lucero

Es notable que las vestiduras de Lucero estuvieran hechas de algunos de los elementos que hay en el mismo trono de Dios, como lo relato en el capítulo 2.2, eso hizo que la misma gloria de Dios se reflejara a través de él como en un prisma multicolor y no sabemos cómo pudo ser, pero lo cierto es que se enalteció su corazón a causa de su hermosura, y este poderoso querubín creyó que el estar dotado de una belleza excepcional era por mérito propio y adquirió un deseo desordenado de recibir la admiración y la adoración de las huestes celestiales.

Poseía una personalidad y un encanto que atraían y aun cuando era de la orden angelical, no fue una excepción a la debilidad de la soberbia y la envidia *(Ez 28.17)*, cosas hasta ahora desconocidas en los cielos. En el cielo pudimos comprobar el curso de los acontecimientos, Lucero desarrolló un amor por sí mismo exagerado y extraño. Poco a poco, él permitió que el centro de su universo variara de Dios a él. Él no lo admitía, pero en verdad se estaba efectuando un tremendo cambio en su carácter, de consecuencias siniestras y aterradoras. ¿Cómo sucedió que este poderoso querubín, Lucero, cayera de su posición exaltada a las profundidades de la depravación para convertirse en el príncipe de las tinieblas? Podemos resumir su caída en tres cosas que deseó (o codició):

Lo primero que anheló fue **subir más alto** de lo que debía o podía, "subiré al cielo, en lo alto, junto a las estrellas de Dios". Dios le había dado un lugar y una misión, un mandamiento, pero él **despreció el mandamiento del Señor** no conformándose con el lugar designado.

Lo segundo que deseó fue levantar un trono propio, ***"levantaré mi trono**, y en el monte del testimonio me sentaré, a los lados del norte; sobre las alturas de las nubes subiré, y seré semejante al Altísimo" (Is 14.13, 14)*. Su vanidad era tan grande que no le bastaba desear tener un trono propio en el mismo lugar en que está el de Dios, "en el monte del testimonio", sino que deseaba ponerlo por encima del trono de Dios, "a los lados del norte", en un evidente **desprecio a la dirección del Señor**

Lo tercero que deseó fue **ser "semejante al Altísimo"**, su vanidad y soberbia fueron tan grandes que no se conformaba con ser uno de los seres celestiales más maravillosos de la creación, sino que quería no solo ser semejante a su creador, sino más grande, más alto, "a los lados del norte", creyó que de esa manera **no necesitaría depender de Dios**, tuvo el tremendo fallo de perder la fe en Dios, esa fe que nos hace conocerle y saber que en el reino celestial los propósitos eternos de Dios se cumplen y que Solamente Dios conoce el fin desde el principio *(Hch 15.18)*. Dios cómo Creador, es el Juez de lo que es sabio y justo *(Gn 18.25)*. Lucero, cegado por la ambición, escogió poner en duda la sabiduría de la voluntad divina, y al hacerlo, cometió un error lamentable y trágico, ya que en el reino de Dios se debe estar solamente con una fe y confianza reverentes. No debemos perder la conciencia de que somos seres creados para un determinado fin y para gozar del amor y la comunión de Dios, por lo tanto no debemos altercar con Dios *(Ro 9.20)*.

Dios en Su plan eterno tenía reservado un trono junto al suyo para otra persona divina *(Ap 3.21)*, no para Lucero y cuando Lucero comprendió que no iba a tener esa posición suprema sino una posición inferior al que se sentara en ese trono, él vio sus ambiciones frustradas y la voluntad de Dios llego a ser desagradable para él. Fue esto lo que resultó en su rebelión. Pareciera extraño que un ser creado pudiera desarrollar tal pasión para su auto ensalzamiento, pero el caso es que por razón de una ambición personal desmedida, contraria a la voluntad del Señor, siguió adelante imprudentemente en su propia voluntad.

La soberbia fue lo que caracterizó todo el proceso de rebeldía, Lucero pretendió asemejarse a Dios. Precisamente la soberbia es considerada como el más grave de los pecados *(Job 15.25)*, de ella se derivó toda clase de perdición. *(Pr 13.10; Hab 2.5)*.

Dice Isaías 14:12-15:

"! Cómo caíste del cielo, oh Lucero, hijo de la mañana! Cortado fuiste por tierra, tú que debilitabas a las naciones.

Tú que decías en tu corazón: Subiré al cielo; en lo alto, junto a las estrellas de Dios, levantaré mi trono, y en el monte del testimonio me sentaré, a los lados del norte;

Sobre las alturas de las nubes subiré, y seré semejante al Altísimo.

Más tú derribado eres hasta el Seol, a los lados del abismo".

3.3 La Rebelión De Lucero

Lucero se convirtió en una persona malvada y calculadora, y una persona así no comete un delito a menos que vea alguna esperanza de éxito. ¿Cómo podía esperar este ahora falso querubín tener éxito en una rebelión que desafiaba al Creador para quedarse con Su trono?, ¿Cómo fue posible que poseyendo la sabiduría que él tenía de la omnipotencia divina, esperara tener éxito en una contienda contra la voluntad eterna de Dios?, el participaba en los consejos divinos y tenía conocimiento de muchos de los secretos del Creador. Lucifer creía saber lo que hacía.

Es seguro que la rebelión de Lucero no fue nacida del impulso del momento, sino que fue el resultado de un plan fríamente calculado que había sido cuidadosamente meditado durante un período de "tiempo", el creyó tener bastantes razones para esperar la victoria y sus planes fueron elaborados tan astutamente, que asombrosamente su conspiración malvada casi triunfó. A pesar de haber sido rápidamente sofocada por las huestes angelicales de Dios, los efectos de esta terrible rebelión han continuado hasta vuestros días, aunque sabemos que ya su fin definitivo está cerca *(Ap 12.12).*

El hecho es que si Dios no hubiera previsto la entrada del mal en la creación y hubiera preparado en secreto un plan por anticipado para contrarrestarlo -un misterio oculto desde tiempos eternos del cual ni los ángeles buenos ni los malos, ni ningún otro ser celestial creado teníamos conocimiento- *(Ro 16.25)*, la rebelión de Lucero habría triunfado.

3.4 Los Seguidores De Lucero

Cómo fue posible que algunos de los ángeles creados, fueran persuadidos para unirse a la rebelión?, ¿qué premio podía impulsarlos a tomar esa determinación? Podemos entender plenamente la respuesta a estas preguntas sabiendo que el mal tiene un elemento de mentira engañosa en su naturaleza *(2 Ts 2.9-12)*, o sea que los ángeles fueron engañados por el padre de la mentira, porque no hay verdad en él. *"Cuando habla mentira de suyo habla; porque es mentiroso, y padre de mentira" (Jn 8.44),* el negó que hubiera castigo por la desobediencia, mintiendo *(Gn 3.4)*.

Lucero, creyendo sus propias mentiras, abrazó la ilusión de que lo había previsto todo, que había hecho provisión para toda contingencia y que no podía fallar. Aún hoy en día, él y sus ángeles caídos todavía rehúsan conceder la derrota, y combaten desesperadamente, aunque la realidad de su destino inminente es cada vez más evidente *(Ap 12.12)*. En su seducción de los ángeles, indudablemente pintó una perspectiva brillante de la "independencia" que alcanzarían, si rompían su fidelidad para con Dios. Que al hacerlo, ellos serían "como dioses", forjadores de su propio destino. Cada ángel fue puesto, en esa forma, en la disyuntiva de tener que tomar una decisión, así como toda criatura moral de la creación en algún momento debe escoger, entre ser leal a Dios o a sí mismo.

Dios respeta las acciones libres de sus criaturas morales, y los decretos de Dios están formados por las acciones morales libres de los seres creados, por lo tanto la responsabilidad de las determinaciones y acciones de las criaturas, son definitivamente de ellas y condicionarán su destino final.

3.5 La Batalla En El Cielo

Una tercera parte de los ángeles *(Ap 12.4)* tomaron la decisión de seguir a Lucero. Esto fue algo terriblemente trágico. Sin embargo ni aun una apostasía tan grande fue suficiente para asegurar el éxito de la rebelión de Lucero, desde ahora llamado "Satanás" (adversario). Satanás no era omnisciente en su presciencia del futuro, solo Dios es omnisciente. Al planear su rebelión, pensó que sus oportunidades de tener éxito eran lo suficientemente buenas para descontar la posibilidad del fracaso pero cuando tuvo conciencia de que el número de aquellos que le seguían era menor de lo que había previsto, comprendió que había hecho un mal cálculo.

Dios no había sido tomado por sorpresa en todo esto, el vio que un espíritu malvado de rebelión se desarrollaba en el corazón de Satanás, y esto debe haber sido un asunto de tremenda aflicción para El, pero aparentemente no había nada que El pudiera hacer para evitar que Lucero se rebelara. Satanás sabía lo que hacía, y prefirió la gratificación de su voluntad y el ensalzamiento propio a la obediencia a Dios.

Al crearnos como seres morales libres Dios no puede interferir en nuestras decisiones, no debemos ser forzados a obedecer, porque entonces dejaríamos de ser moralmente

libres. Debemos tener la libertad para hacer nuestras propias elecciones, ya sea para bien o para mal.

El aparente "descuido" de Dios al no tomar nota de la rebelión que se cernía, alentó a Satanás a continuar su conspiración. Sin embargo, Dios sabía previamente una cosa que Satanás desconocía. Él sabía el alcance exacto que tendría la rebelión, que afectaría la estabilidad de Su reino, siendo necesario su restauración, pero que sin embargo, no tendría éxito. Sabía de antemano que Satanás sólo podría contar con una minoría de los ángeles. Y así sucedió.

En realidad Satanás pensaba que su plan era una obra maestra de astucia y alevosía. Pero en realidad fue una traición que explotó todo cuanto fue posible la gran confianza que Dios había depositado en él. La evidencia de cuan detalladamente fueron elaborados sus planes queda demostrada por el hecho de que en la fase inicial de su rebelión, no menos de una tercera parte de las huestes celestiales fue persuadida para que echara su suerte con él. El que haya obtenido un número tan grande de seguidores revela la amplia simpatía que había despertado por su causa. Es demasiado evidente que él había sembrado discordia e insatisfacción entre les ángeles contra Dios, dudas con relación a Su sabiduría y bondad. Satanás sin embargo había tomado su decisión y debía afrontar las consecuencias de sus actos.

Las dos terceras partes de las huestes angelicales permanecimos fieles a Dios, y reagrupándonos bajo la bandera de uno de los principales príncipes del cielo, el arcángel Miguel, por orden de Dios echamos a Satanás y a los ángeles desobedientes del cielo *(Ap 12.7-9)*. Dios lo echo del "monte de Dios", lo arrojo de entre las piedras de fuego, entre los serafines, y al profanar el santuario, Dios saco fuego de en medio de Lucifer y fue consumido convirtiéndose en cenizas y el que había sido uno de los seres más hermosos de la creación, se convirtió en un ser espantoso y cruel que para siempre dejará de existir como lo que era *(Ez 29.16-19)*.

Al fallar la rebelión no logrando los fines que pretendía cuando la inició, Satanás obtuvo como resultado la expulsión del cielo junto a los ángeles que le secundaron. Ahora, él estaba comprometido irrevocablemente, para siempre, a seguir el camino del mal que había escogido sin posibilidad de redención.

Dice Apocalipsis 12: 7-9

"Después hubo una gran batalla en el cielo: Miguel y sus ángeles luchaban contra el dragón; Y luchaban el dragón y sus ángeles;

Pero no prevalecieron, ni se halló ya lugar para ellos en el cielo.

Y fue lanzado fuera el gran dragón, la serpiente antigua, que se llama diablo y Satanás, el cual engaña al mundo entero; Fue arrojado a la tierra, y sus ángeles fueron arrojados con él".

Capítulo 4

LA ETERNIDAD PASADA III

Dice Hebreos 9: 24-26

"Porque no entró Cristo en el santuario hecho de mano, figura del verdadero, sino en el cielo mismo para presentarse ahora por nosotros ante Dios

Y no para ofrecerse muchas veces, como entra el sumo sacerdote en el Lugar Santísimo cada año con sangre ajena.

De otra manera le hubiera sido necesario padecer muchas veces desde el principio del mundo; Pero ahora, en la consumación de los siglos, se presentó una vez para siempre por el sacrificio de sí mismo para quitar de en medio el pecado".

4.1 El Arca Del Testimonio *(Heb 8.5; 9.4-5)*

Los sucesos recientes nos obligaron a aprender nuevas palabras, desconocidas hasta entonces en el cielo, como por ejemplo: Soberbia, envidia, mentira, rebelión, maldad, engaño, traición y muchas otras similares, pero la más terrible, la que las contiene a todas: "pecado", se podría decir que todo lo que hagamos en contra de la voluntad de Dios, ya sea con el pensamiento, la palabra o las obras, fallando o errando a sus propósitos siempre santos para con nosotros, es pecado; también pecamos al no hacer lo que debemos *(Stg 4.17)*. Sí, el pecado había nacido en el cielo y como testimonio de ello, Dios creó ante su misma presencia, ante su trono, un recordatorio permanente que consiste en un arca a la que llamó "El Arca del Testimonio", con una tapa muy especial llamada "Propiciatorio", y a continuación colocó dentro del arca las pruebas del pecado que detallo a continuación.

Dice Hebreos 8: 1-6

"Ahora bien, el punto principal de lo que venimos diciendo es que tenemos tal sumo sacerdote, el cual se sentó a la diestra del trono de la Majestad en los cielos,

Ministro del santuario, Y de aquel verdadero tabernáculo que levantó el Señor, y no el hombre.

Porque todo sumo sacerdote está constituido para presentar ofrendas y sacrificios; por lo cual es necesario que también éste tenga algo que ofrecer.

Así que, si estuviese sobre la tierra, ni siquiera sería sacerdote, habiendo aún sacerdotes que presentan las ofrendas según la ley;

Los cuales sirven a lo que es figura y sombra de las cosas celestiales, como se le advirtió a Moisés cuando iba a erigir el tabernáculo, diciéndole: Mira, haz todas las cosas conforme al modelo que se te ha mostrado en el monte.

Pero ahora tanto mejor ministerio es el suyo, cuanto es mediador de un mejor pacto, establecido sobre mejores promesas".

4.2 Las Pruebas Celestiales Del Pecado

En primer lugar Satanás despreció la provisión, del Señor. Dios es nuestro creador y Su persona, sus atributos y su Palabra nos alimentan permanentemente, no necesitamos ninguna otra cosa, ya que en Él y con Él estamos completos y satisfechos, fuimos creados para su gloria, por lo que su sola presencia tanto como su amor y su bondad son nuestro alimento espiritual, así como también toda palabra que sale de su boca. Pero Satanás y sus ángeles caídos se creyeron autosuficientes, creyeron que la luz que irradiaban era luz propia, en vez de un reflejo de la luz de Dios, creyeron también que sus propias palabras podrían sustentarles, en vez de las palabras que salen de la boca del Señor, y por lo tanto despreciaron la provisión de Dios, y creyendo Satanás sus propias palabras mentirosas, pecó queriendo ser igual a Dios. *"Sobre las alturas de las nubes subiré, y **seré semejante al Altísimo**"* *(Is 14.13, 14)*.

1. Como prueba de que las criaturas despreciaron la provisión y dependencia del Señor, Dios creó una "prueba" que simbolizaba el alimento espiritual, "toda Palabra que sale de la boca de Dios", y la colocó dentro del arca.

En segundo lugar Satanás despreció la autoridad, la dirección del Señor. El como padre amoroso siempre nos está aconsejando, guiando, buscando nuestro propio bien, y pone sobre nosotros los dirigentes que el nombra para que nos guíen en todos sus propósitos. Pero algunos ángeles rechazaron la dirección y la autoridad de Dios y se levantaron contra sus dirigentes, siguiendo las órdenes y la dirección de Satanás. Él se rebeló contra la autoridad de Dios al querer poner su trono junto al del Señor, igualándolo y despreciando su autoridad. *"subiré al cielo, en lo alto, junto a las estrellas de Dios,* ***levantaré mi trono****, y en el monte del testimonio me sentaré, a los lados del norte"* *(Is 14.13, 14).*

2. Como prueba de que las criaturas despreciaron la dirección de Dios y la autoridad de sus dirigentes, Dios colocó dentro del arca, los instrumentos de mando que utilizaban las verdaderas autoridades nombradas por El *(Nm 16 y 17).*

En tercer lugar Satanás despreció las leyes o mandamientos del Señor, esos mandamientos no estaban escritos en tablas sino en la mente y el corazón de todo ser creado, de esta manera, al tener todas sus criaturas una mente perfecta tenemos siempre presentes, estos mandamientos que son dados para nuestro bien, para nuestro perfecto y feliz desarrollo como seres individuales, para una armoniosa convivencia entre nosotros y para que la creación funcione perfectamente, vivir de acuerdo con los mandamientos del Señor es lo que nos confiere verdadera libertad. Los mandamientos de Dios para Lucero, su misión, era la de ser un querubín grande y protector, y como tal debía adorar y servir a Dios y proteger el trono del Señor. Pero Lucero incumplió estos mandamientos rebelándose contra ellos al anhelar "subir más alto" *(Is 14.13, 14)*, no se conformó ni aceptó el plan y la misión para la que había sido creado

3. Como prueba de que las criaturas despreciaron sus leyes, Dios escribió sus mandamientos sobre tablas (En un libro) y las colocó dentro del arca.

Cuando terminó de colocar las pruebas del pecado dentro del Arca, hizo una tapa de oro macizo a la que llamó "Propiciatorio", y encima del Propiciatorio puso dos querubines con sus alas extendidas hacia arriba cubriendo el Propiciatorio y mirando continuamente dentro del Arca, como testigos permanentes del pecado. El primer querubín veía permanentemente las pruebas del pecado que acreditaban que la santidad de Dios había sido quebrantada, ofendida; y por lo tanto el segundo querubín exigía que se hiciera justicia, que se aplique la sentencia dictaminada por el Juez Supremo, que no es otra que la muerte: Dios decretó que la paga del pecado es la muerte *(Ro 6.23; Hab 1.13; Heb 12.29)*. El hecho de que el pecado de los ángeles caídos no fuera perdonado, no fue por un defecto de la Misericordia Divina sino debido al carácter irrevocable de la elección de su desobediencia, lo que hace que no haya arrepentimiento para ellos después de la caída.

Dice Romanos 6: 20-23

"Porque cuando erais esclavos del pecado, erais libres acerca de la justicia.

¿Pero qué fruto teníais de aquellas cosas de las cuales ahora os avergonzáis? Porque el fin de ellas es muerte.

Más ahora que habéis sido libertados del pecado y hechos siervos de Dios, tenéis por vuestro fruto la santificación, y como fin, la vida eterna.

Porque la paga del pecado es muerte, más la dádiva de Dios es vida eterna en Cristo Jesús Señor nuestro".

4.3 La Muerte

La muerte también era para mí una palabra nueva, ya que hasta ahora era algo inexistente en el cielo, **la muerte es separación de Dios,** ya que su sola presencia es motivo de vida por lo tanto solamente podríamos morir si somos separados de Dios, pero de ser así ¿dónde iríamos?, ¿qué lugar habría en la creación para que las criaturas que pecaren "murieran" viviendo apartadas, separadas de la presencia de Dios?, ¿Cómo sería esa otra forma de vida sin Dios?; más adelante aprenderíamos que Dios ya tenía previsto un lugar separado de Él para los desobedientes (los pecadores). Algunas personas os enseñan que no existe nada después de la muerte física, que el morir es un equivalente a la aniquilación, y que por lo tanto ninguna cosa que hagáis en esta vida influye en lo que os suceda después de morir ya que seréis aniquilados. Esto es otra gran mentira del diablo, que como sabe que ya está condenado y le espera un terrible destino, trata de arrastrar con él a la mayor cantidad posible de seres celestiales y terrenales.

Por otra parte vosotros experimentáis en la tierra el dolor y la angustia de la separación. Cuando muere alguien, deja un gran vacío que nada ni nadie puede llenar; vuestro inconsciente trae a la memoria todo lo bueno de ese ser querido y todos los buenos momentos vividos con él; y por alguna causa asociada al perdón, la benignidad y la misericordia de Dios, todo lo malo que esa persona pudiera haber tenido o todos los malos momentos que podáis haber vivido juntos, se olvidan o dejan de tener importancia, sentís una gran desazón, un estado de intranquilidad o tristeza a causa de la falta de ese ser querido que se ha ido. Esa angustia se acrecienta porque sabéis que esa separación es para siempre en la tierra. Y aunque sepáis que luego cuando lleguéis al tercer cielo os encontrareis nuevamente, sin embargo ese consuelo en la experiencia futura no quita totalmente el dolor por la pérdida del que se ha ido, que ha sido separado "por un tiempo" de vosotros. Dios os comprende mejor que nadie cuando atravesáis estas situaciones ya que El mismo experimentó ese sentimiento, con la muerte de su amado Hijo.

El experimentar ese dolor os debe ayudar a tomar consciencia de lo trágica que es la muerte segunda, ya que esta no será temporal, sino que nos separará de la presencia de Dios por toda la eternidad.

4.4 El Propiciatorio Celestial

(Heb 8.5; 9.4-5)

Como ya os dije, Dios llamó a la tapa que creó para el arca, "Propiciatorio", y la creó con el fin de que fuera un lugar desde donde El, en virtud de su misericordia, pudiera ser propicio al pecador y para que su justicia pudiera hallar satisfacción por medio de la muerte del culpable o de un sustituto y así aplacar su Santa Ira, la cual solo se aplaca al quitar el pecado que la causó *(Sal 7.11)*. Todo esto nos demuestra que El Señor tenía un plan para la expiación o el perdón del pecado. La cuestión que se plantea ahora es, ¿quién sería el sustituto que moriría en pago por el pecado? y ¿cómo sería posible que un ser creado eterno, inmortal, pudiera morir?, ya que la muerte es separación de Dios, y como os dije antes, la vida que es creación de Dios no tiene final, es eterna. En respuesta a estas preguntas, Dios diseño un plan maravilloso y lo que viene a continuación es el desarrollo de ese plan de Redención, y como veremos más adelante el propiciatorio tiene una función fundamental en el proceso de la salvación de vuestras almas.

Dice Éxodo 25: 17-21

"Y harás un propiciatorio de oro fino, cuya longitud será de dos codos y medio, y su anchura de codo y medio.

Harás también dos querubines de oro; Labrados a martillo los harás en los dos extremos del propiciatorio.

Harás, pues, un querubín en un extremo, y un querubín en el otro extremo; de una pieza con el propiciatorio harás los querubines en sus dos extremos.

Y los querubines extenderán por encima las alas, cubriendo con sus alas el propiciatorio; Sus rostros el uno enfrente del otro, mirando al propiciatorio los rostros de los querubines.

Y pondrás el propiciatorio encima del arca, y en el arca pondrás el testimonio que yo te daré".

Capítulo 5

LA ETERNIDAD PRESENTE
EL COMIENZO DEL
PLAN DE RESTAURACIÓN

5.1 La Creación Del Universo Material
5.2 El Planeta Tierra -La Creación De La Vida Material
5.3 La Creación Del Hombre
5.4 ¿Creación o Evolución del Hombre?
5.5 La Creación De La Familia
5.6 El Hombre Es Probado - El Libre Albedrio
5.7 El Comienzo De La Redención

Dice Job 38: 4-11

"¿Dónde estabas tú cuando yo fundaba la tierra?
Házmelo saber, si tienes inteligencia.

¿Quién ordenó sus medidas, si lo sabes?
¿O quién extendió sobre ella cordel?

¿Sobre qué están fundadas sus bases?
¿O quién puso su piedra angular,

Cuando alababan todas las estrellas del alba,
Y se regocijaban todos los hijos de Dios?

¿Quién encerró con puertas el mar,
Cuando se derramaba saliéndose de su seno,

Cuando puse yo nubes por vestidura suya,
Y por su faja oscuridad,

Y establecí sobre él mi decreto,
Le puse puertas y cerrojo,

Y dije: Hasta aquí llegarás, y no pasarás adelante,
Y ahí parará el orgullo de tus olas?

Dice Nehemías 9:6

"Tú solo eres Dios; tú hiciste los cielos, y los cielos de los cielos, con todo su ejército, la tierra y todo lo que está en ella, los mares y todo lo que hay en ellos; Y tú vivificas todas estas cosas, y los ejércitos de los cielos te adoran".

5.1 La Creación Del Universo Material

Dios tenía un plan completo y perfecto para la expiación del pecado y en cumplimiento de ese plan, estaba creando algo nuevo, desconocido para nosotros los seres celestiales, nosotros vivimos en la dimensión del tercer cielo, una dimensión espiritual, pero ahora Dios estaba creando otra dimensión que no consistía en espíritu, sino en algo llamado "materia", formada por electrones, protones, neutrones y muchos otros elementos aún no descubiertos por vosotros. En el principio de esa creación comenzaba la ejecución del plan de redención. En esa dimensión que llamaremos "el segundo cielo", comenzaron a aparecer constelaciones formadas por galaxias, nebulosas y estrellas, se producían continuas explosiones creadoras de millones de millones de soles y sistemas que contienen innumerable cantidad de planetas y lunas. Nunca habíamos visto tal creación de belleza y energía, el alcance de la creación es incalculable para nuestra mente que hasta ahora desconocía conceptos tan nuevos como el de **materia, espacio, distancia y tiempo**, entre muchos otros. La nueva creación nos mostraba una vez más, la grandeza y majestad de Dios, su gloria *(Sal 19.1)*. Hoy muchas personas se han formado su propio patrón de pensamiento y rechazan la evidencia de la creación, la coherencia del universo, la precisión de las leyes que lo rigen, la belleza de la naturaleza, todo lo que sobreentiende la existencia de un Creador. Aún hoy debéis elegir entre vuestros propios esquemas de pensamiento y lo que Dios ha manifestado con tanta evidencia y claridad.

Yo sé que vosotros os estaréis preguntando ¿de dónde sacó Dios los elementos de la creación?, ¿Cómo pudo ser creado el universo? En el capítulo 2.3 de este libro os hablé sobre la fe, y ahora quiero deciros que *"por la fe fue creado el universo por la palabra de Dios, de modo que lo que se ve fue hecho de lo que no se veía" (Heb 11.3)*, Dios dijo *"sea hecho y fue hecho" (Gn 1.3)*, por lo tanto todos los elementos de la creación fueron hechos por la Palabra de Dios, por medio de la Fe Divina. Vuestros científicos ven y analizan la parte material de la creación, y estudian su origen tratando de comprender como fue hecho, eso está bien, pero la creación de la materia no fue a partir de otra materia, sino de la voluntad de Dios, algo incomprensible para vosotros los humanos, además la creación no fue un acto consumado, sino que Dios continua permanentemente trabajando en ella. ¿Cuándo sucedió esto?, ¿cuántos años hace que comenzó la creación?, ¿cuántos años tiene el universo? Sinceramente no lo sé; como ya os dije, en nuestra dimensión divina no existe el concepto del tiempo tal como vosotros lo tenéis, y sinceramente creo que si hubiera sido útil y necesario para vosotros el conocimiento de estos datos, Dios os lo habría revelado, por otra parte debéis saber que para El Señor un día es como mil años, y mil años como un día *(Sal 90.4;2 P 3.8)*; pero además creo que vuestra mente no puede alcanzar a comprender estas cosas en toda su magnitud *(1Cor 8.2)*, al menos por ahora, porque según Dios nos revela, *"los conocimientos que ahora tenéis son imperfectos, más cuando venga lo perfecto, entonces lo que es en parte se acabará y entonces conoceréis como fuisteis conocidos"*, conoceréis todas las cosas del mismo modo que Dios os conoce a vosotros, comprendiéndolo todo *(Col 3.10; 1Co 13.9-12; 1Jn 3.2)*, por lo tanto ahora debéis creer y aceptar todo lo relativo a Dios, "por la fe", que es un don de Dios para vosotros *(2 Co 5.7)*.

Dice Génesis 1: 1-5

"En el principio creó Dios los cielos y la tierra.

Y la tierra estaba desordenada y vacía, y las tinieblas estaban sobre la faz del abismo, y el Espíritu de Dios se movía sobre la faz de las aguas.

Y dijo Dios: Sea la luz; y fue la luz.

Y vio Dios que la luz era buena; y separó Dios la luz de las tinieblas.

Y llamó Dios a la luz Día, y a las tinieblas llamó Noche. Y fue la tarde y la mañana un día.

Dice Hebreos 11:3

"Por la fe entendemos haber sido constituido el universo por la palabra de Dios, de modo que lo que se ve fue hecho de lo que no se veía".

5.2 El Planeta Tierra - La Creación De La Vida Material

De pronto vi como el Señor se detenía a trabajar de una manera muy especial en un planeta al que llamó, "tierra". Ese planeta era diferente a todos los del universo; su belleza y perfección era tal que pareciera que todo el universo hubiera sido creado para sostener el equilibrio y armonía de la tierra. Aparecieron ríos, lagos y océanos que hicieron posible que la creación brotara como una explosión de vida, la belleza de la naturaleza con sus valles, bosques y montañas que cambiaban continuamente, era algo nuevo para todos nosotros los seres celestiales, además creó un sol potentísimo para alumbrar y calentar la tierra, además de tener muchas otras funciones, colocándolo a la distancia adecuada para tal fin, también creó una luna para que por la noche reflejara la luz del sol y así alumbrara lo suficiente como para que la oscuridad no fuera total y para ayudar al equilibrio de la vida, y tanto el sol como la luna fueron colocados en la expansión de los cielos para alumbrar sobre la tierra, al igual que millones de millones de estrellas. Muchas nuevas formas de vida aparecían continuamente, tanto en los mares como en la tierra, millones de especies de todo tipo de animales y vegetales eran creados a cada momento, y cada una de ellas llevaba en su interior la semilla que les permitía reproducirse para mantener un extraordinario equilibrio en todos los ecosistemas de la tierra. No me pidan que os cuente el orden cronológico de los sucesos de la creación, porque no es el motivo de este libro y por otra parte si me detuviera a narrar en detalle la complejidad y las maravillas de cada especie creada, debería escribir millones de libros y sería interminable, baste a vosotros la inmensa cantidad de descubrimientos que vuestros investigadores y científicos han realizado, y que aun siendo muchísimos, sin embargo son solo una gota de conocimiento en el océano de la creación.

5.3 La Creación Del Hombre

Una vez que la tierra estaba ordenada con todos sus ecosistemas en perfecta armonía y equilibrio, el Señor dijo: Hagamos al hombre, será semejante a nosotros y gobernará y administrará todo lo que he creado sobre la tierra. Y creó un ser material con un alma espiritual, el cuerpo lo formó del mismo "polvo de la tierra", o sea de los mismos componentes minerales de los que está hecha la tierra, y a pesar de haber utilizado estos simples materiales, la complejidad y la perfección en el funcionamiento del cuerpo humano es algo maravilloso. Nosotros los ángeles somos creados con cuerpos de materia celestial y al no procrearnos no necesitamos simiente ni sexo; pero la creación del hombre es diferente dado que Dios planeó su cuerpo terrenal para que se procreara, por eso los hizo varón y hembra *(Gn 1.27)*, no un varón diferente de una hembra, no existe el concepto de hombre separado de la mujer, la creación de Dios es "el hombre". Dentro de todo hombre hay también una semilla de mujer, el macho lleva en su simiente cromosomas masculinos y femeninos, la hembra solamente cromosomas femeninos, cuando se unen un cromosoma masculino del macho con el cromosoma femenino de la hembra, nacerá un varón y cuando se unen un cromosoma femenino del macho con el cromosoma femenino de la hembra, nacerá una mujer (el varón/mujer). Dios determino que la creación del varón/mujer fuera procreativa, es decir que todos los varones/mujeres que se crearan fueran por nacimiento. Habiendo puesto Dios la semilla inicial y creando para cada ser que nazca un cuerpo físico y un alma espiritual con consecuencias eternas *(Job 12.10; Ez 18.4; 1 Co 15.45; Sal 139.13-16)*. El proceso de formación del niño en el vientre de su madre, es algo extraordinariamente maravilloso para nosotros, los ángeles, ya que fuimos formados de una manera totalmente diferente, no por procreación, sino por creación, algo parecido al primer hombre, aunque de una materia y en una dimensión totalmente diferentes. En el proceso de procreación El Señor determinó que cada gen tuviera los millones de millones de datos necesarios para poder formar a partir de una semilla diminuta la maravilla del cuerpo humano y aunque los llamados científicos han descubierto muchísimas cosas, aún no saben nada sobre el misterio de la vida, porque nunca podrán descubrirlo por medio de métodos empíricos, que son muy útiles para el estudio de la materia y sus funciones, pero que no sirven para poder ver el obrar de Dios en el extraordinario proceso de formación desde un feto, hasta la madurez de un completo y complejo ser humano. Cada persona que nace tiene un cuerpo físico terrenal, humano, y un alma espiritual eterna y celestial que vive dentro del cuerpo terrenal como una unidad, cuando el cuerpo terrenal muere, el alma espiritual vuelve a su creador pasando de la dimensión terrenal a la celestial, a la presencia de Dios *(Ec 12.7; Job 34.14; Is 57.16; Zac 12.1)*. De acuerdo a esto, el hombre es el único, entre toda la creación de Dios, que tiene una parte material (cuerpo) y una inmaterial (alma/espíritu). El cuerpo tiene sentidos especiales que funcionan como receptores que permiten al alma espiritual ver y sentir el mundo material; ¿recuerdan el ejemplo del receptor de radio que les di en el capítulo 1.3 de este libro?, pues de manera similar (salvando las distancias) los sentidos del cuerpo son receptores que ayudan al alma a comunicarse entre vosotros y con la creación.

El plan original era que el hombre fuese eterno, sabemos que el hombre/alma como ser viviente *(Gn 2.7)* es eterno, porque Dios le dio vida de su mismo aliento y el alma, al ser de origen celestial es eterna, como nosotros los ángeles, pero el cuerpo terrenal del hombre ¿hasta cuándo viviría, podría ser eterno? Por otra parte el hombre fue creado a la misma imagen o semejanza de Dios lo que significa, que fue hecho para parecerse a Dios. El hombre no se parecía a Dios en el sentido de que Dios tuviera carne y sangre. "Dios es espíritu" *(Jn 4.24)* y por tanto Él existe sin un cuerpo material. Sin embargo, el cuerpo del hombre reflejó la vida de Dios, en cuanto a que fue creado con perfecta salud y no estaba sujeto a morir. Por primera vez la imagen divina es vista en una criatura y esto le da gran dignidad al cuerpo humano ya que la apariencia externa refleja la gloria invisible de Dios, y la parte inmaterial del hombre lo coloca en una escala superior del mundo animal, adecuándolo para el "dominio" que Dios le designó *(Gn 1.28)*, y capacitándolo para tener comunión con su Creador. Es una semejanza mental, moral y social. Mentalmente, el hombre fue creado como un ser racional con inteligencia y voluntad propia, en otras palabras, el hombre puede razonar y elegir, tiene la capacidad de tomar decisiones libremente. Este es el reflejo de la inteligencia y la libertad de Dios. En cualquier momento alguien crea o inventa algo, escribe un libro, aprecia la belleza de un paisaje o disfruta de un concierto musical, él o ella están proclamando el hecho de que fueron hechos a la imagen de Dios.

Al ver la extraordinaria obra que Dios hizo con la creación tan compleja y perfecta del hombre, me quedo asombrado al ver que aun hoy en día hay personas que creen que el hombre es el resultado de la evolución de una célula primitiva aparecida en la tierra por azar, desarrollada a su propio capricho sin ningún control ni orden preestablecido.

Dice Salmos 139:16

"Mi embrión vieron tus ojos, y en tu libro estaban escritas todas aquellas cosas que fueron luego formadas, sin faltar una de ellas".

Dice Job 10: 8-13

"Tus manos me hicieron y me formaron; ¿Y luego te vuelves y me deshaces?

Acuérdate que como a barro me diste forma; ¿Y en polvo me has de volver?

¿No me vaciaste como leche, y como queso me cuajaste?

Me vestiste de piel y carne, y me tejiste con huesos y nervios.

Vida y misericordia me concediste, tu cuidado guardó mi espíritu.

Estas cosas tienes guardadas en tu corazón;
Yo sé que están cerca de ti".

Dice Job 34: 14-15

"Si él pusiese sobre el hombre su corazón, y recogiese así su espíritu y su aliento, toda carne perecería juntamente, y el hombre volvería al polvo".

5.4 ¿Creación o Evolución del Hombre?

Creo necesario en este momento hacer alguna observación referente a la creación del hombre. Sé que para muchas personas es muy difícil de creer el relato bíblico de la creación, dado que ven profundas discrepancias entre el relato de la biblia y algunas teorías científicas que hablan del hombre como el fruto de un largo proceso evolutivo que pudo llevar miles y hasta millones de años. En primer lugar quiero aclararles que la Palabra de Dios revelada a la humanidad, la biblia, no es un tratado científico, ni pretende serlo; a través de la biblia, Dios se revela al hombre como su creador y debido, entre otras cosas, a que la revelación escrita se hizo en un periodo de unos mil quinientos años, por medio de unas cuarenta personas diferentes, todas ellas de distinto nivel cultural y con distintos propósitos, Dios no pretendió en ningún momento explicarles los detalles científicos de la creación, ya que por otro lado ni ellos ni vosotros, y ni siquiera los científicos actuales están capacitados para entender la obra de Dios, ya que el pecado original daño el entendimiento perfecto que teníais al ser creados, antes de pecar.

De la misma manera que los hombres desprecian la revelación del verdadero Dios, y buscan y crean muchos "dioses", creando muchas religiones paralelas, todas ellas "buenas en sí mismas" pero que los apartan de la verdad, así también muchos científicos, desprecian el relato de la creación por no tener consistencia "científica" (ni pretende tenerla) y por no poder ser demostrado por métodos empíricos. Algún día todas esas dudas serán aclaradas, no porque necesiten ser aclaradas, sino porque Dios compartirá todas sus cosas con sus hijos amados.

Como les acabo de decir, cuando venga lo que es perfecto, conoceréis como sois conocidos, pero por el momento es necesario que empleéis vuestra fe para creer y aceptar la verdad de la Palabra de Dios; por otro lado ¿en qué cambiaría vuestra vida si la creación hubiera sido un proceso evolutivo de años?, o ¿acaso Dios no podría haberlo hecho de esa manera?, ¿debemos decidir nosotros como debió o debe hacer Dios las cosas? ¿Quién eres tú, oh hombre, que le contestas a Dios? ¿Dirá acaso el objeto modelado al que lo modela: Por qué me hiciste así?…

Es importante que sepáis que aun entre los estudiosos de la biblia, hay muchos "teólogos" que tratan de armonizar el relato de la creación con las teorías evolucionistas, y para ello dan distintas interpretaciones a varios pasajes del génesis diciendo que hay distintos espacios de tiempo entre el relato de un día y otro de la creación etc. etc., yo no voy a caer en esa tentación porque terminaría como ellos creando nuevas teorías creacionistas y estaría agregando a la palabra del Señor, lo que ella no dice, y eso sería un terrible pecado. Por lo tanto para terminar bástenos saber que tanto yo como todos los seres celestiales y todos los hombres ¡somos creación de Dios! Y que él nos hizo según el designio de su voluntad *(Ef 1.11)*.

5.5 La Creación De La Familia

El hombre, a diferencia de los ángeles, es creado mediante la unión de un hombre y una mujer, por medio del método procreativo *(Gn 1.28)*, y es notable que al nacer como un bebe se encuentra totalmente indefenso y sin ningún conocimiento, salvo algunos conocimientos instintivos básicos que lleva grabados en sus genes, por lo tanto tiene una total dependencia de sus padres y demás familiares. Ellos tienen la responsabilidad dada por Dios de protegerlo dándole todos los cuidados necesarios, tales como la alimentación, la higiene, la educación *(Pr 22.6: Ef 6.4)* y todo aquello que sea necesario para que llegue a ser un adulto/a responsable, ante Dios, su familia y la sociedad. A diferencia de otras especies del mundo animal, Dios determinó que desde su nacimiento hasta la edad adulta, el niño/a crezca rodeado de sus padres, abuelos, hermanos y demás seres consanguíneos. A este conjunto de personas les llamamos “Familia”. La intención del Señor es que cuando ya sea una persona adulta, deje a su padre y a su madre y se una a su mujer para formar una nueva familia -o viceversa- *(Gn 2.24)*, y es el propósito del Señor que esta unión este basada en el amor reciproco *(Ef 5.22-33; 1 Cor 7.3-5)*, en una sincera relación de amor verdadero en la cual cada integrante de la pareja busca continuamente la felicidad y la realización del otro, dentro del núcleo familiar, respetando los diferentes roles que corresponden a cada uno en el desarrollo de la actividad familiar y social.

Creo necesario aclarar en este punto que si bien este es el plan y propósito de Dios, lamentablemente como consecuencia del pecado esto no es así en todos los casos, y por lo tanto muchos de vosotros han crecido sin padres o con padres que no cumplieron la responsabilidad otorgada por Dios. Muchos han sufrido maltrato y vejaciones desde niños, habiendo vivido experiencias horrendas que os han marcado para siempre.

Esta responsabilidad que Dios otorga y exige a los padres, está grabada en las mentes y corazones de todo hombre/mujer por haber sido hechos a su imagen y semejanza, por lo cual nadie tiene excusa alguna al no cumplirla. Por lo tanto Dios pedirá cuentas a todo ser humano que no haya asumido la responsabilidad de criar a sus hijos de la mejor manera posible, o a todo aquel que haya puesto impedimentos de cualquier tipo para un normal desarrollo de las familias. Dios tiene un amor especial por los niños, Jesús dijo: "Dejad a los niños venir a mí, y no se lo impidáis; porque de los tales es el reino de Dios" *(Mr 10.14)*.

5.6 El Hombre Es Probado - El Libre albedrio

Después de lo sucedido en la eternidad pasada con la infidelidad de Lucero y aunque al hombre le fue dada una naturaleza justa y Santa, Dios quiso probar la fidelidad del hombre para ver si podría darle eternidad junto a su cuerpo físico y para ello lo colocó en un precioso lugar al que llamó "el jardín del Edén", para que lo labrara y lo cuidase *(Gn 2.15)*; el hombre con un cuerpo sano y una mente perfecta en armonía con Dios y por lo tanto llena de conocimiento y sabiduría, puso nombre a todo animal de la creación y el nombre que él les puso, ese es su nombre *(Gn 2.19,20)*. Dios hizo crecer en el huerto toda clase de árboles frutales hermosos a la vista y con buenos frutos para comer. En el centro del huerto colocó dos árboles especiales, uno llamado el árbol de la vida y el otro llamado el árbol del conocimiento del bien y del mal *(Gn 2.8, 9)*, y para probar al hombre Dios le dijo: ***"de todo árbol del huerto podrás comer; más del árbol del conocimiento del bien y del mal no comerás; porque el día que de él comieres, ciertamente morirás"*** *(Gn 2.16, 17)*.

Recuerden que os conté que Satanás después de desobedecer y rebelarse fue echado del cielo a la tierra *(Is 14.12; Ap 9.1)*.

Él estaba también en el huerto del Edén *(Ez 28.13)* y creyó que esta era su oportunidad para apropiarse de esta nueva creación; ya que no había podido "gobernar el cielo", tal vez podría apoderarse de la tierra si lograba que el hombre creyera en él y le adorara en vez de creer y adorar a Dios. No podía acercarse al hombre con su aspecto espiritual, ya que al pecar perdió su hermosura convirtiéndose en un ser espantoso *(Ez 28.18, 19) y* terrible, por lo tanto, tomó posesión del cuerpo de la serpiente, que era uno de los animales más bellos de la creación, para no despertar sospecha en el hombre, y desde ese animal habló con él.

Lo primero que hizo "la serpiente" fue adulterar la palabra de Dios, sus mandamientos; Dios había dicho al hombre: ***"De todo árbol del huerto podrás comer"*** *(Gn 2.16)*, y Satanás dijo al hombre tergiversando la palabra de Dios: "*¿Conque Dios os ha dicho que* ***"no comáis de todo árbol del huerto****?*" *(Gn 3.1)*, el hombre confundido por Satanás cometió el tremendo error de agregar palabras a la de Dios diciendo que Dios les había prohibido comer o **"tocar"** al árbol del conocimiento *(Gn 3.3)*, notemos que Dios en su prohibición no había dicho nada de **"no tocar"**, sino solamente de no comer *(Gn 2.17),* al cometer ese error el hombre quedo a merced de la serpiente. Satanás nuevamente utilizaba la misma estrategia que había usado para engañar a los ángeles, ¿para qué cambiarla si le había dado tan buen resultado?

Lo segundo que hizo Satanás fue negar la palabra y la integridad de Dios, Dios había dicho ***"si coméis del árbol del conocimiento del bien y del mal moriréis"***, pero la serpiente dijo negando la palabra de Dios y prometiendo con mentira: ***"No moriréis"*** *(Gn 3.4)*, tratando a Dios de mentiroso, y poniendo en duda su integridad y por lo tanto su dirección.

En tercer lugar despreciando la provisión de Dios agregó: ***"sino que sabe Dios que el día que comáis del árbol, seréis como Dios"***; otra mentira con tentación que les prometía "ser como Dios sabiendo el bien y el mal" *(Gn 3.5)*, y por lo tanto no necesitaría depender de nadie, al ser como Dios seria autosuficiente, lo que él anheló desde el principio.

El hombre cayó en el engaño y pecó cometiendo los mismos errores que los ángeles que habían obedecido a Satanás en el Cielo, y a continuación desobedeciendo a Dios comió del árbol prohibido. El hombre pecó tomando una mala decisión al rebelarse contra su Creador y al hacerlo, Dios ya no pudo seguir viviendo dentro de él retirándose y dejando un vacío interior, porque Dios es Santo y no puede convivir con el pecado, entonces la imagen de Dios se dañó tanto en su cuerpo como en su alma, y pasó esa semejanza dañada a todos sus descendientes, incluyéndoles a vosotros *(Ro 5.12)*.

Hoy, todavía lleváis la semejanza de Dios *(Stg 3.9)*, pero también lleváis las cicatrices del pecado, y mostráis sus efectos y consecuencias, mental, moral, social y físicamente.

Los efectos del pecado en vuestra mente lo veis al haber perdido la capacidad de utilizar el 100% del cerebro como lo hacía el primer hombre antes de pecar, cuando aún todavía Dios vivía dentro de él (vuestro cerebro tiene entre 70.000 y 100.000 millones de neuronas, y cada neurona tiene un promedio de 7.000 conexiones sinápticas para conectarse con otras neuronas); ese vacío interior que dejo Dios, trajo como consecuencia serios desajustes sicológicos ocasionando un tremendo complejo de culpa que le afecta hasta el día de hoy; aun hoy el hombre trata de llenar ese vacío interior con muchas cosas, no tomando conciencia de que solo lo puede llenar El Señor.

Los efectos morales los veis al haber perdido la conciencia moral y no poder apreciar lo que está bien o mal, muchas veces llamáis a lo bueno malo y a lo malo bueno y no os ponéis de acuerdo entre una cosa y otra *(Ro 1.18-32)*.

Los efectos sociales los veis en la cantidad de violencia que usáis a través de vuestras disputas, crímenes, guerras, abusos de unos sobre otros, falta de amor, odios e incomprensión del uno por el otro, avaricia que trae aparejada hambre y miseria y muchos otros asuntos que vosotros conocéis muy bien *(Ef 2.1-3)*.

Los efectos físicos los veis a través de las enfermedades que afectan a todos los miembros de vuestro cuerpo. Cuando Dios creó vuestro cuerpo del polvo de la tierra con todos sus órganos, era una máquina perfecta sana y sin errores, preparada para vivir eternamente, por eso el Señor había colocado en el centro del Edén el árbol de la vida. Si el primer hombre hubiera pasado la prueba sin pecar, podría haber comido de ese árbol de la vida y vivir eternamente, sin enfermar ni envejecer, pero al despreciar a Dios pecando, obtuvo como resultado el ser echado del Huerto y perder el acceso al árbol de la vida para no comer de él y vivir así para siempre *(Gn 3.22)*.

La consecuencia final es la separación del cuerpo y el alma, o sea la muerte *(Ef 2.1-3)*. Dijimos que al haber comido del fruto prohibido, la presencia de Dios que estaba dentro del hombre se retiró, el hombre entonces se sintió solo y comenzó a tomar conciencia de lo que le esperaba, estaba desnudo y eso siempre había sido algo normal y santo, pero ahora su concepto de la santidad cambio y sintió vergüenza de su desnudez, aunque en realidad era su alma la que había quedado desnuda y vacía. Creyó que él podía solucionar el problema y quiso hacerlo cosiendo delantales con hojas de higuera *(Gn 3.7)* y pretendiendo esconderse de la presencia de Dios entre los árboles, no tenía el conocimiento de que nadie ni nada se pueden esconder ni huir de la presencia de Dios *(Sal 139.7-12)*. A pesar de esto Dios lo buscó y lo llamó diciendo: ¿Dónde estás tú?, por supuesto no se refería al lugar físico donde se encontraba sino a qué había hecho, y a pesar de que Dios sabía perfectamente lo que había hecho, él quería que el hombre lo reconociera y lo confesara. El hombre en vez de reconocer su pecado, culpo a su mujer y le reprochó a Dios el habérsela dado y la mujer culpo a la serpiente del engaño; ninguno de ellos asumió su responsabilidad y culpa *(Gn 3.8-13)* y como ya os dije, esto ocasionó al hombre serios complejos y desajustes sicológicos hasta estos días. Además como consecuencia de todo esto, la tierra fue maldita trayendo a la humanidad catástrofes, dolor y angustia hasta hoy *(Gn 3.17-19).*

Por otra parte, Dios no decretó simplemente crear al hombre, ponerle sobre la tierra, y entonces dejarle bajo su propia guía incontrolada; sino que fijó todas las circunstancias de la vida de las personas, y todos los pormenores que la historia de la raza humana comprende, desde su principio hasta su fin y dispuso la aplicación de las mismas en cada caso particular. Vuestros días están contados, así como también los cabellos de vuestra cabeza. *(Mat. 10:30).*

El Pecado Original

Todos estos acontecimientos dieron origen al término "pecado original", que es un término originario de la fe cristiana y es **la causa de la existencia de pecado en el mundo.** El pecado original es el primer pecado que existió y se convirtió en un estado adquirido y no un acto cometido.

Para ilustrar esta verdad, les voy a relatar una historia que un amigo que tengo en la tierra contaba en sus enseñanzas:

"Había una vez un hombre muy rico que vivía en una gran mansión. Tenía muchos sirvientes esclavos, y un viejo esclavo

llamado Abraham que tenía la labor de cortar leña con su hacha todos los días, y al hacerlo repetía constantemente una queja, diciendo: "ah viejo Adán, viejo Adán". Su amo cada vez que pasaba cerca de él le oía repetir esa queja, e intrigado le pregunto porque decía eso, a lo que él respondió: "Por culpa de que Adán peco, yo tengo que estar trabajando en este cansador trabajo como esclavo, y yo no tuve la culpa". El amo pensó un momento y le dijo: Pensándolo bien veo que tienes razón, por lo tanto te propongo lo siguiente: Yo me tengo que ausentar unos días, por lo tanto te dejo que utilices mi mansión y mis sirvientes como si fueran tuyos, solamente te pido una cosa, ves esa cajita que tengo sobre la mesita de noche junto a la cama, el respondió si, pues no quiero que la abras.

Cuando el amo partió, Abraham hizo que "sus ahora criados". Le prepararan un baño de sales, se puso la bata de su amo e hizo que le cocinaran exquisitos manjares, disfrutando a sus anchas de la riqueza de su amo. Cuando llego la noche, al acostarse vio la cajita que había sobre la mesita junto a la cama, y se preguntó: "¿que habrá de tanta importancia dentro de la cajita, que mi amo me deja disfrutar de todas sus posesiones, pero no me deja ver el contenido de la cajita? Esto sucedió durante varios días, hasta que la intriga llegó a ser tan grande que no podía dormir. Un día no aguanto más y la abrió, en su interior encontró una nota de su amo que decía: "ah viejo Abraham, viejo Abraham, no te quejes más y vuelve a cortar leña. Cuando su amo regreso, al cabo de unos días, lo encontró cortando leña sin quejarse".

Dice Romanos 5: 12-19

"Por tanto, como el pecado entró en el mundo por un hombre, y por el pecado la muerte, así la muerte pasó a todos los hombres, por cuanto todos pecaron.

5.7 El Comienzo De La Redención

Dios había dicho "el día que pecares ciertamente morirás", por lo tanto la sentencia había sido dada y solo se esperaba la muerte del hombre pecador *(Rom 6.23)*, pero Dios en cumplimiento de su plan secreto tomo animales, los sacrificó y con la piel de ellos hizo túnicas de pieles y los vistió *(Gn 3.21)*. En lugar de matar al hombre, buscó en los animales inocentes un sustituto, para derramar su sangre y poder redimirlo de las consecuencias del pecado. El hombre pensaba que unas simples hojas de higuera bastarían para cubrir su pecado, aún no había tomado conciencia de la magnitud de su desobediencia, no entendía que la santa ira de Dios solamente se podría aplacar con derramamiento de sangre, con la muerte. El hombre tuvo que aprender dolorosamente que a pesar de haber sido perdonado, las consecuencias del pecado se pagan y que a partir de ahora sus pecados solo traerían dolor y muerte a su descendencia *(Rom 5.12)*. Hasta el día de hoy la humanidad continua "cosiendo hojas de higuera" para cubrir sus faltas, y esto lo hace creando muchas religiones que aunque momentáneamente le ayudan a limpiar su conciencia, sin embargo no tienen ninguna eficacia real ante el pecado y sus consecuencias, ni ante el juicio del Creador.

Por otra parte cuando el Creador como juez, dicta sentencia al juzgar la desobediencia del hombre, dice a la serpiente: *"Pondré enemistad entre ti y la mujer, y entre tu descendencia y la descendencia de la mujer; esta te aplastará la cabeza, y tú le herirás en el talón"* *(Gn 3.15)*. Indudablemente el Señor no le estaba hablando a la serpiente como animal, sino al que había tomado posesión de su cuerpo, Satanás, el autor del pecado en el Cielo y ahora también en la tierra *(1 Jn 3.8)*. En la eternidad pasada, en el Cielo, Satanás no solamente pecó desde el principio, sino que en su pecado arrastró a la tercera parte de los ángeles, haciéndoles caer en desobediencia. Ahora en la tierra vuelve a hacer lo mismo, haciendo pecar al hombre y a la mujer; en ella está la semilla de toda la humanidad y por lo tanto habrá un permanente conflicto entre Satanás y el hombre; Satanás estará permanentemente dañando "el talón" del hombre, creándole infinidad de problemas y sufrimientos, pero cuando El Señor dice "esta te aplastará la cabeza", no se refiere a la generalidad de la raza humana como descendencia, sino a una persona específica, un ser humano nacido de mujer, que en el futuro "le aplastará la cabeza", venciendo a Satanás y destruyendo el pecado.

Yo fui testigo de toda esta escena y escuche las Palabras del Señor, por supuesto las creí porque sé que Dios nunca miente ni se equivoca, pero sinceramente en ese momento no alcance a comprender como podría ser esto, ¿cómo un ser nacido de mujer, tan frágil y débil podrá destruir a Satanás y al pecado?

Capítulo 6

EL PLAN DE DIOS

Dice Deuteronomio 7: 6-11

"Porque tú eres pueblo santo para Jehová tu Dios; Jehová tu Dios te ha escogido para serle un pueblo especial, más que todos los pueblos que están sobre la tierra.

No por ser vosotros más que todos los pueblos os han querido Jehová y os ha escogido, pues vosotros erais el más insignificante de todos los pueblos;

Sino por cuanto Jehová os amó, y quiso guardar el juramento Que juró a vuestros padres, os ha sacado Jehová con mano Poderosa, y os ha rescatado de servidumbre, de la mano de Faraón rey de Egipto.

Conoce, pues, que Jehová tu Dios es Dios, Dios fiel, que guarda el pacto y la misericordia a los que le aman y guardan sus mandamientos, hasta mil generaciones;

Y que da el pago en persona al que le aborrece, destruyéndolo; y no se demora con el que le odia, en persona le dará el pago.

Guarda, por tanto, los mandamientos, estatutos y decretos que yo te mando hoy que cumplas".

6.1 Un Hombre – Abraham

Desde el cielo contemplábamos asombrados todos estos acontecimientos tan extraordinarios, vimos como vez tras vez el hombre pecaba y debía sacrificar miles de animales en pago por el pecado, y a pesar de esa dolorosa realidad, él no cambiaba, sino que su maldad se acrecentaba más y más; el Señor vio que la maldad de los hombres era mucha en la tierra y que este siempre estaba pensando en hacer lo malo *(Gn 6.5-7)*, y el Señor se arrepintió de la creación del hombre y con mucho dolor en su corazón pensó destruirlo junto con la tierra *(Gn 6.13)*, si lo hubiera hecho no habría sido injusto ya que su justicia y su santa y justa ira así lo demandaban, pero el Señor en su misericordia se reservó algunos hombres justos, como por ejemplo: Abel, Enoc, Noé y Abraham *(Gn 6.8-9; 7.1)* que demostraron por medio de su fe que no estaba todo perdido *(Heb 11.4-7)*, y entonces el amor y la misericordia del Señor pudieron más que su santa y justa ira y no lo destruyó, sino que continuó con su plan de redención.

El plan de redención eterno comenzaba a revelarse y vimos como en esta primera etapa, el Señor se mostraba de manera personal en primer lugar a un hombre para salvarlo, luego a una familia, luego a una nación y por último a todas las naciones. En cumplimiento de ese plan Dios llamó a Abraham y le hizo promesas increíbles *(Heb 11.8-12)*, muchas de ellas imposibles de cumplir, y a pesar de ello Abraham creyó a Dios y por lo tanto el Señor lo consideró Justo *(Gn 15.6)*, y cumplió todas y cada una de sus promesas. Le dio un hijo de su simiente cuando él y su mujer ya tenían casi cien años; cuando el Señor les hizo esta promesa fue a través de algunos de nosotros, los ángeles, y al ver el asombro de ellos, tuvimos que recordarles que para el Señor no hay nada que sea difícil o imposible *(Gn 18.1.14)*.

Dice Hebreos 11: 8-12

"Por la fe Abraham, siendo llamado, obedeció para salir al lugar que había de recibir como herencia; y salió sin saber a dónde iba".

Por la fe habitó como extranjero en la tierra prometida como en tierra ajena, morando en tiendas con Isaac y Jacob, coherederos de la misma promesa;

Porque esperaba la ciudad que tiene fundamentos, cuyo arquitecto y constructor es Dios.

Por la fe también la misma Sara, siendo estéril, recibió fuerza para concebir; y dio a luz aun fuera del tiempo de la edad, porque creyó que era fiel quien lo había prometido.

Por lo cual también, de uno, y ése ya casi muerto, salieron como las estrellas del cielo en multitud, y como la arena innumerable que está a la orilla del mar".

6.2 El Pacto Perpetuo

Al ver la fe y fidelidad de Abraham, El Señor hizo un pacto perpetuo con él *(Gn 17.7)*, comprometiéndose irrevocablemente a ser el Dios de él y de su descendencia para siempre. Un pacto es una alianza o convenio entre dos partes, en este caso entre el Creador y el hombre, y para que todo pacto tenga valor debe ser sellado con sangre como señal de que la vida está comprometida en él -la vida del animal está en su sangre *(Lv 17.11-14; Dt 12.23)*- ; por parte de Dios se sacrificaron animales –al no tener Él carne ni sangre por ser Espíritu-, se partieron los animales por la mitad, separándolas, y Dios –una antorcha de fuego- paso por en medio de los animales divididos como señal de que cumpliría el pacto. Un pacto es también una promesa y Sus promesas no pueden ser quebrantadas debido a que descansan en Su carácter puro e infinito *(Gn 15.9-18)* , y por parte del hombre Dios le dijo: Este es mi pacto, que guardareis entre mí y vosotros y tu descendencia después de ti; será circuncidado todo varón de entre vosotros. Cortareis, pues, la carne de vuestro prepucio, y será por señal del pacto entre mí y vosotros *(Gn 17.7-11)*. Al cortar el prepucio se derramaría sangre y sería la sangre del pacto, por parte del hombre.

El hecho de que la señal del pacto, en el hombre, no fuera hecha en un lugar visible a todo el mundo, sino en un lugar íntimo y pudoroso, demuestra que Dios quiere tener una relación íntima y personal con cada ser humano, en lo profundo de su corazón, por otro lado al estar esta señal en el miembro viril, él es utilizado frecuentemente para necesidades fisiológicas del cuerpo, teniendo por lo tanto que verlo diariamente en intimidad, demuestra que El Señor desea que recordéis y tengáis siempre presente, permanentemente, el pacto hecho con Él, y su fidelidad. Os preguntareis ¿por qué no hizo también este pacto con la mujer?, pero recordareis que Dios no hizo al hombre y a la mujer como seres distintos y separados, sino como uno, el varón/mujer macho y hembra, por lo tanto, en cada hombre está representada la mujer. Aunque sean diferentes en aspecto y en funciones, sin embargo son uno en esencia e iguales ante Dios.

6.3 Una Familia – Isaac y Jacob

Anteriormente ya os dije que el hecho de haber determinado Dios, que la creación de la humanidad fuera por nacimiento procreativo, trajo como consecuencia la creación de la familia. En el proceso de redención vimos como Dios escogió a un hombre: Abraham, y trató con él de una manera especial, pero está relación personal no terminó con la muerte de Abraham sino que Dios fue más allá y siguió esta relación con su descendencia, porque así lo había prometido *(Gn 15.5; 17.19; 28.10-15)*, en cumplimiento de esa promesa El Señor trató con Isaac, el hijo de Abraham, y lo bendijo *(Gn 26.2-5)*, y luego con Jacob, el hijo de Isaac, bendiciéndole también. Jacob era diferente de su padre y su abuelo, a diferencia de ellos él no tenía muy arraigado el concepto de honestidad, engañó a su hermano y a su padre, y fue engañado por su suegro pero a pesar de ello Dios no lo desechó sino que cumpliendo su promesa a Abraham trató con él. El Señor se le apareció en distintas ocasiones para cambiarlo y poder tratar con él como con Abraham *(Gn 28.10-22; 32.24-29)*. Jacob tuvo doce hijos formando una gran familia que fue la base para la fundación de una nación.

Dice Romanos 9: 9-16

"Porque la palabra de la promesa es esta: Por este tiempo vendré, y Sara tendrá un hijo.

Y no sólo esto, sino también cuando Rebeca concibió de uno, de Isaac nuestro padre

(Pues no habían aún nacido, ni habían hecho aún ni bien ni mal, para que el propósito de Dios conforme a la elección permaneciese, no por las obras sino por el que llama),

Se le dijo: El mayor servirá al menor.

Como está escrito: A Jacob amé, más a Esaú aborrecí.

¿Qué, pues, diremos? ¿Qué hay injusticia en Dios? en ninguna manera.

Pues a Moisés dice: Tendré misericordia del que yo tenga misericordia, y me compadeceré del que yo me compadezca.

Así que no depende del que quiere, ni del que corre, sino de Dios que tiene misericordia".

6.4 Una Nación – Israel

Dios cambio el nombre a Jacob -el que suplanta o engaña- *(Gn 35.10-15)* por el de Israel -el que lucha con Dios-, y de sus doce hijos que crearon doce familias o tribus, formó la nación de Israel. Jacob y sus hijos estuvieron cautivos como esclavos en el país de Egipto, por designio de Dios, y de allí los rescató El Señor obrando grandes milagros y maravillas. Una vez que los hubo liberado, formó con este gran grupo de esclavos, una nación, dándoles los mandamientos y leyes necesarias para su funcionamiento, todo esto lo hizo por medio de su Siervo escogido, llamado Moisés. Estas leyes eran distintas de las que tenían las demás naciones que se formaban, ya que esta nación, Israel, era diferente porque era "el pueblo de Dios", y como tal Dios quiso que fuera un pueblo Santo *(Dt 14.2)*. Para tal fin El Señor nombró un grupo especial de hombres como mediadores, llamados sacerdotes, y les ordenó construir un templo/ Tabernáculo, para que allí estuviera representada la presencia de Dios y para que también el pueblo de Dios tuviera allí un lugar donde presentar sacrificios y ofrendas para la expiación de sus pecados.

Dice Deuteronomio 14:2

"Porque eres pueblo santo a Jehová tu Dios, y Jehová te ha escogido para que le seas un pueblo único de entre todos los pueblos que están sobre la tierra".

6.5 Los Símbolos De La Restauración El Arca y El Propiciatorio Terrenal

El Señor Escogió a Moisés para organizar la nación de Israel, y al hacerlo ordenó que en el centro de esta organización estuviera el tabernáculo. Dentro del tabernáculo, en el "lugar santísimo", debían de colocar una copia del Arca del Testimonio que está en el Tercer Cielo, con su correspondiente Propiciatorio *(Heb 8.5)*. Cuando el Señor les mandó construir el Tabernáculo con todo su mobiliario, incluida el Arca del Testimonio con su Propiciatorio, les mostró una visión de todos estos objetos y le reiteró varias veces que tuviese cuidado de hacerlos tal como les fue mostrado, porque eran una copia temporal del original que estaba en el cielo *(Ex 25.40; 26.30; Heb 8.5)*. Dentro del Arca el Señor hizo colocar tres pruebas que representan el pecado del hombre, que son:

En primer lugar estaba el "maná"; cuando Israel fue liberado de la esclavitud de Egipto, el Señor no los llevo directamente a la tierra que les había prometido, sino que los tuvo cuarenta años en el desierto, *"para probarlos, para saber lo que había en su corazón, si habían de guardar o no sus mandamientos. Y los afligió, y les hizo tener hambre, y les sustento con maná, comida que no conocían ellos, ni sus padres habían conocido, para hacerles saber que no solo de pan vivirá el hombre, sino de toda Palabra que sale de la boca de Dios" (Dt 8.2, 3; Mt 4.4).* Cuando el pueblo de Dios salió de Egipto y se encontraban en el desierto, se quejaron contra Dios a sus dirigentes lamentando que ahora no tuvieran para comer, ni pan ni carne como cuando estaban en Egipto *(Ex 16)*, entonces el Señor hizo caer durante la noche un rocío que venía del cielo, dejando en el suelo una especie de masa de pan, al levantarse por la mañana vieron esta especie de "pan" tan extraño y desconocido para ellos, y dijeron: "maná", que significa "que es esto". El Señor los alimentó con maná durante los cuarenta años de peregrinación en el desierto, como respuesta a sus quejas y desconfianza en que Él los podía sustentar.

1 **Como prueba de que el hombre dudó de la provisión y dependencia de Dios, hizo colocar dentro del arca un "pan de maná", que simbolizaba tanto el alimento físico como el alimento espiritual, "toda Palabra que sale de la boca de Dios" *(Ex 16.32-3; Heb 9.4).***

La segunda prueba fue "la vara de Aarón que reverdeció" *(Nm 16 y 17)*; cuando Israel estaba en el desierto, el Señor les nombró dirigentes para que les guiasen, esos dirigentes pertenecían a la tribu de Leví, pero el pueblo se levantó contra ellos despreciando su autoridad. Entonces el Señor les ordenó, para que tuvieran en claro quiénes eran los dirigentes puestos por él, que pusieran delante del arca que estaba en el tabernáculo, en el lugar santísimo, las doce varas de almendros que utilizaban cada líder de tribu para guiarlos.

Esas varas eran de madera seca ya que tenían varios años, y el Señor les dijo que vinieran al día siguiente porque el haría que reverdeciera la vara del dirigente escogido; a la mañana siguiente recogieron las doce varas y vieron que la vara perteneciente a Aarón, de la tribu de Leví, no solo había reverdecido sino que también tenía flores, renuevos y almendras, mostrando claramente que los siervos que habían rechazado, eran los que Dios había nombrado.

2 Como prueba de que el hombre desechó la dirección de Dios al despreciar la autoridad de sus dirigentes, El Señor hizo colocar dentro del arca, "la vara de Aarón que reverdeció" *(Nm 16 y 17; Heb 9.4).*

La tercera prueba era "las tablas del Pacto", los Mandamientos. Cuando el pueblo de Israel salió de Egipto y se encontraba en el desierto, junto al monte Sinaí, el Señor llamó a Moisés, y por medio de él le dijo al pueblo: *"Si diereis oído a mi voz, y guardaréis mi pacto, vosotros seréis mi especial tesoro sobre todos los pueblos; porque mía es toda la tierra. Y vosotros me seréis un reino de sacerdotes, y gente santa" (Ex 19.5, 6).* Después de decirles estas palabras hizo que Moisés subiera al monte Sinaí porque allí le daría los mandamientos y ordenanzas para su pueblo, y así lo hizo. Dios escribió con su propio "dedo", sus leyes y se las dio a Moisés escritas sobre dos tablas de piedra *(Ex 31.18).*

Desde la creación del primer hombre y su pecado, todas las enseñanzas que Dios les había dado por medio de sueños, visiones, revelaciones y por mediación de nosotros, los ángeles, se conocían por transmisión oral, o sea que las enseñanzas se transmitían de padres a hijos en forma verbal, por continuos y detallados relatos en el seno de la familia, y de esa manera El Señor se había relacionado con el hombre desde el principio. En esta nueva etapa, Dios estaba creando una nación, su pueblo, y quiso que sus mandamientos los tuvieran escritos como leyes organizativas y normas de convivencia social de esta nueva nación. Cuando el pueblo de Israel estuvo cautivo en Egipto, vio como los egipcios adoraban y veneraban las imágenes de muchos dioses que ellos mismos habían creado por influencia de Satanás, ya que de esa manera les alejaba de la verdad para que no conocieran al Dios verdadero, y además, Satanás lograba lo que siempre había querido, que le adoraran a él en lugar de a Dios.

Cuando Moisés subió al monte Sinaí para encontrarse con Dios y recibir los Mandamientos, estuvo allí cuarenta días con sus noches, y mientras tanto algunos de los miembros de su pueblo, desconfiaron de la fidelidad de Dios por su tardanza, y fundiendo el oro de los zarcillos que sus mujeres tenían, hicieron un becerro de oro y dijeron: *"este es nuestro dios que nos sacó de Egipto y que ira delante de nosotros guiándonos" (Ex 32.1-4)*, y le adoraron y le ofrecieron sacrificios dedicándose a la idolatría, a comer, a beber y a jugar, corrompiéndose y tentando al Señor *(Ex 32.5,6; 1 Cor 10.7)*. Viendo esto el Señor desde el monte, dijo a Moisés: *"Yo he visto a este pueblo, que por cierto es pueblo de dura cerviz. Ahora, pues, déjame que se encienda mi ira en ellos, y los consuma; y de ti yo haré una nación grande" (Ex 32.9, 10)*. Aunque Dios actuaba con la justicia que demandaba su santa ira, Moisés se interpuso entre los pecados de Israel y la ira divina, más preocupado por el honor de Dios que por el suyo propio, y rogando a Dios que no los destruyera, le recordó las promesas hechas a sus siervos, Abraham, Isaac y Jacob, y aunque los propios pecados de Israel retrasaban los propósitos divinos, el Señor nuevamente en su misericordia, les perdonó.

Cuando Moisés descendió del monte trayendo en sus manos las tablas con los Mandamientos escritos con el "dedo" de Dios y vio el becerro y la idolatría, ardió en ira y quebró las tablas arrojándolas al pie del monte *(Ex 32.15-19)*. Posteriormente, el Señor escribió nuevamente en tablas "los diez mandamientos" y los hizo colocar dentro del arca *(Dt 10.1-5)*.

3 Como prueba de que el hombre despreció las leyes y mandamientos de Dios, el Señor hizo colocar dentro del arca las nuevas tablas del pacto que contenían "los diez mandamientos" ***(Heb 9.4)*****.**

Quiero hacerles una aclaración con respecto a los mandamientos y ordenanzas de Dios. Aquí en el tercer cielo también tenemos leyes y ordenanzas que rigen nuestra vida, ellas son las que hacen que verdaderamente seamos libres, sin ley no hay verdadera libertad, porque nos hacen tomar conciencia de las libertades del otro y nos muestran los verdaderos límites de nuestras libertades, para que sepamos cómo actuar siempre con amor, para que nuestras actitudes no dañen ni ofendan a los demás, y para que sus acciones nunca nos coarten ni lastimen, lo que trae como consecuencia que vivamos en perfecta armonía, sin pecar ni dañar de manera alguna, ni a Dios, ni a nuestro prójimo. Aquí en el cielo no necesitamos tener por escrito estas leyes, ya que están grabadas en nuestros corazones.

Estos mandamientos no cambian porque provienen de Dios que nunca cambia, porque es eterno e inmutable. Cuando Moisés recibió los mandamientos que transmitió al pueblo de Israel, y por medio de ellos a toda la humanidad, estos no solo fueron lo que conocéis como "Los Diez Mandamientos", sino que como podéis leer en las Escrituras, fueron además de los diez, una gran cantidad de leyes sobre muchas cuestiones de relaciones humanas, y todas las leyes y mandamientos están vigentes para toda la eternidad.

Es necesario que les haga una aclaración sobre las leyes y mandamientos del Señor que os fueron dados por medio de Moisés. Debido a vuestra naturaleza humana: todo mandamiento tiene dos componentes, uno es el **principio**, esencia o naturaleza del mismo, el cual nunca cambia porque es eterno, ya que tiene que ver con la propia naturaleza de Dios; el otro componente tiene que ver con **costumbres** y tradiciones humanas, que pueden cambiar en la medida que cambia la cultura o la sociedad. Debido a esos cambios culturales que se producen a través del tiempo, muchas veces debido al intercambio de conocimientos y experiencias entre los pueblos (o al doloroso aprendizaje de vuestros errores). Para una mayor comprensión les voy a dar un ejemplo:

En el libro de Deuteronomio, capitulo veintitrés, Moisés os da diversas leyes sanitarias, entre ellas hay una que tiene que ver con la forma de guardar vuestros excrementos; en el versículo doce dice:

"Tendrás un lugar fuera del campamento adonde salgas; tendrás también entre tus armas una estaca; y cuando estuvieres allí fuera, cavarás con ella, y luego al volverte cubrirás tu excremento; porque Jehová tu Dios anda en medio de tu campamento, para librarte y para entregar a tus enemigos delante de ti; por tanto, tu campamento ha de ser santo, para que él no vea en ti cosa inmunda, y se vuelva de en pos de ti.

Al leer esto vosotros os preguntareis, ¿cómo puede estar vigente esta ley?, ¿debo llevar colgada del cinturón una estaca en estos tiempos? Os lo diré: En primer lugar hay que extraer el **principio** del mandamiento, que no es otro que el de preservar vuestra higiene y salud, y además de proteger el medio ambiente, respetar también el espacio de los demás.

El segundo componente era temporal y tenía que ver con la forma en que convivían en el desierto, hoy equivaldría a no tirar desechos al suelo, ni ninguna cosa que contamine o perjudique al ambiente y/o a las personas. Además también quiero explicarles algo referente al vocabulario y las formas utilizadas; debemos comprender que el nivel cultural que tenía el pueblo en el desierto, distaba mucho del que podéis tener vosotros en esta época de tantos conocimientos, podría decirse que en cuanto a la forma de comunicarse eran un tanto "toscos", y por lo tanto cuando el Señor les habla, utiliza un lenguaje comprensible para ellos, aunque a vosotros hoy os parezca un tanto vulgar o grosero. Dios siempre se ha comunicado con vosotros, a través de los tiempos de manera clara y comprensible y para entender Su Palabra, debéis trasladaros en el tiempo y tratar de comprender lo que los receptores de su palabra entendían.

Dice El Libro del Éxodo 25: 10, 11, 16-21

"Harán también un arca de madera de acacia, cuya longitud será de dos codos y medio, su anchura de codo y medio, y su altura de codo y medio.

Y la cubrirás de oro puro por dentro y por fuera, y harás sobre ella una cornisa de oro alrededor.

Y pondrás en el arca el testimonio que yo te daré.

Y harás un propiciatorio de oro fino, cuya longitud será de dos codos y medio, y su anchura de codo y medio.

Harás también dos querubines de oro; Labrados a martillo los harás en los dos extremos del propiciatorio.

Harás, pues, un querubín en un extremo, y un querubín en el otro extremo; de una pieza con el propiciatorio harás los querubines en sus dos extremos.

Y los querubines extenderán por encima las alas, cubriendo con sus alas el propiciatorio; sus rostros el uno enfrente del otro, mirando al propiciatorio los rostros de los querubines.

Y pondrás el propiciatorio encima del arca, y en el arca pondrás el testimonio que yo te daré".

6.6 La Expiación – El Sacerdocio

El arca representaba de manera visible la presencia de Dios en medio de su pueblo y el fin que tenía, al igual que el Arca que se encuentra en el cielo, ante el trono del Señor, era la de ser un recordatorio del pecado y un medio para su expiación. Recordareis que sobre la tapa del Arca celestial, llamada Propiciatorio, el Señor colocó dos querubines alados, uno como testigo de que la Santidad de Dios ha sido quebrantada, y el otro demandando justicia, la muerte del culpable. Aunque todavía el pecado originado en el Cielo, no podía ser expiado, sin embargo por medio del propiciatorio terrenal, de manera simbólica y temporal, los pecados de los hombres si podían ser expiados, hasta que un día, Dios realizara la expiación definitiva y eterna, en el Propiciatorio Celestial. A esto lo llamamos expiación por medio de la fe.

El método o sistema que el Señor les enseño era la expiación por medio del sacrificio de animales, del derramamiento de su sangre como expiación para el perdón de los pecados, y para ello constituyó un orden sacerdotal.

El sacerdocio nace de la experiencia del pueblo hebreo y su liberación de Egipto por mano del profeta Moisés, tal como viene relatado en el Pentateuco, Dios escogió a una de las doce tribus, la de Leví, representada por Aarón, hermano de Moisés, para dedicarse a cuidar del Arca de la Alianza y del culto a la divinidad. Dios hizo un pacto con los israelitas, para que fueran ellos un "pueblo elegido", depositarios de las verdades reveladas por Dios. La dignidad sacerdotal conferida a Aarón era hereditaria, al estilo monárquico, y pasaba de generación en generación.

El Sumo Sacerdote, es decir, el máximo representante de la tribu de Leví para dirigir el culto sería el jefe de la casa de Aarón, cargo traspasado de padre a hijo primogénito. Esta nueva organización sacerdotal alcanzaría su esplendor durante los reinados de David y Salomón los cuales construirían el Templo de Jerusalén, hasta que debido al pecado de Israel, El Señor permitiera que el templo fuera destruido.

Como consecuencia sucedió la ruptura de la sucesión levítica, especialmente en la elección del Sumo Sacerdote, el cual tenía una figura política tan fuerte como la del rey de Israel, y esto traería serios conflictos. Hacia el siglo II a. C. (año 152 a. C.), por ejemplo, la elección de Jonatán Macabeo del linaje macabeo, pero no levítico, como Sumo Sacerdote, crearía la secesión de la comunidad esenia de Qumrán y la completa enemistad del partido de los fariseos.

La desaparición del Templo de Jerusalén, destruido por los romanos durante la caída de Jerusalén del año 70, dio como consecuencia la diáspora judía. Todos estos acontecimientos hicieron que la religión se desarrollara hacia lo que hoy conocéis como el rabinismo. El rabino es el hombre dedicado al estudio de las Escrituras -la Torá-, pero no cumple funciones rituales. El judaísmo contemporáneo aún respeta la disposición divina de la elección levítica como la única autorizada para la celebración del culto y su esperanza es que con la reconstrucción del Templo de Jerusalén, solo los levitas, de la tribu de Leví, continuarán la labor interrumpida hace dos mil años).

Al quebrantarse el orden sacerdotal instituido por el Señor, el escenario estaba preparado para que viniera el verdadero sacerdote: Jesús el gran sumo sacerdote.

"Por tanto, teniendo un gran sumo sacerdote que traspasó los cielos, Jesús el Hijo de Dios, retengamos nuestra profesión.

Porque no tenemos un sumo sacerdote que no pueda compadecerse de nuestras debilidades, sino uno que fue tentado en todo según nuestra semejanza, pero sin pecado.

Acerquémonos, pues, confiadamente al trono de la gracia, para alcanzar misericordia y hallar gracia para el oportuno socorro.

Porque todo sumo sacerdote tomado de entre los hombres es constituido a favor de los hombres en lo que a Dios se refiere, para que presente ofrendas y sacrificios por los pecados.

Para que se muestre paciente con los ignorantes y extraviados, puesto que él también está rodeado de debilidad;
Y por causa de ella debe ofrecer por los pecados, tanto por sí mismo como también por el pueblo.

Y nadie toma para sí esta honra, sino el que es llamado por Dios, como lo fue Aarón.

Así tampoco Cristo se glorificó a sí mismo haciéndose sumo sacerdote, sino el que le dijo: Tú eres mi Hijo,

Yo te he engendrado hoy. Como también dice en otro lugar: Tú eres sacerdote para siempre, Según el orden de Melquisedec.

Y Cristo, en los días de su carne, ofreciendo ruegos y súplicas con gran clamor y lágrimas al que le podía librar de la muerte, fue oído a causa de su temor reverente.

Y aunque era Hijo, por lo que padeció aprendió la obediencia;

Y habiendo sido perfeccionado, vino a ser autor de eterna salvación para todos los que le obedecen;

Y fue declarado por Dios sumo sacerdote según el orden de Melquisedec". (Heb 4.14-5:10)

6.7 Relato de un sacrificio

Una de las tareas principales de los sacerdotes era ofrecer sacrificios de animales para la expiación. La expiación es una forma de satisfacción de un pecado a través de la cual la persona queda absuelta de su culpa, al morir como sustituto en su lugar el animal ofrecido en sacrificio. El pecado es un obstáculo que hace separación entre el hombre y Dios, y la expiación permite eliminar esta separación volviendo a restaurar esta relación, mediante la sangre derramada del animal - La Biblia dice que la vida del animal está en su sangre *(Lv 17.14))*-.

La expiación nos muestra la benignidad de Dios, al ofrecer un camino de restauración al pecador. También nos muestra que Dios al ser justo, demanda un castigo por el pecado y al ofrecer un sustituto, el pecador limpia su pecado, recibe el perdón de sus culpas y se libera del castigo.

Todo esto era un tipo y figura de Cristo, quien se ofrecería el mismo como sacrificio para la expiación de todos los pecados.

Quiero relatarles la experiencia de un sacrificio animal, que aunque no fue hecho para una expiación, sin embargo nos ilustrará un poco más, mostrándonos la crudeza de la muerte del animal.

El relato lo hace un amigo y colaborador mío en la tierra, llamado Juan José:

"Estábamos asistiendo con mi familia a una pequeña iglesia en la ciudad de Montilla, en la provincia de Córdoba, España; se acercaba la navidad y decidimos celebrar todos los miembros de la congregación juntos, una cena navideña. Para tal fin cada uno debía de traer algo de comida para compartirla. También se estaban congregando un grupo numeroso de emigrantes de Rumania, gente de condición humilde que estaban pasando muchas necesidades al estar comenzando una nueva vida en otro país, con todo lo que ello conlleva.

Un miembro de la iglesia llamado Rafael, tenía una fábrica de quesos de cabra, y le había nacido un cabrito por lo cual decidió donarlo para la cena navideña, con la condición de que otra persona lo matara, ya que él no se atrevía. Ninguno de los presentes se ofreció a sacrificarlo.

Yo nunca había sacrificado un cabrito, pero cuando era niño, en varias ocasiones había ayudado a mi madre a matar gallinas del corral y algún que otro conejo, por otra parte pensé que en los mataderos cada día mataban cientos de cabritos, por lo tanto no debía ser muy difícil. Por lo cual me ofrecí a sacrificarlo y aceptamos la donación.

Se acercaba la navidad y era necesario que matara al cabrito, por lo tanto me llegué hasta una granja que había en

un pueblo vecino llamado Montalbán de Córdoba, donde vendían ovejas y cabritos y los mataban. Le pedí al propietario, hombre experimentado en la matanza, que me enseñara como hacerlo, y así lo hizo.

Cuando llego la noche, cogí el cuchillo más grande que tenía en casa, lo afile bien afilado y fui a la fábrica de quesos, donde estaba el cabrito en cuestión. Rafael me trajo el animal y se fue dejándome solo. Me tome mi tiempo para atarle bien fuerte las patas traseras y las manos con unas sogas que había traído; el animal me miraba con ojos lastimosos como si presintiera lo que le iba a suceder, pero sin embargo no habría su boca. Con otra soga lo colgué de un poste, de las patas traseras, dejando su cabeza colgando hacia abajo; había elegido un lugar donde fuera fácil limpiar la sangre que caería. Con la mano izquierda aparte su cabeza para un lado y cogiendo el cuchillo con firmeza, con la mano derecha, le practique un profundo corte en el cuello seccionando la yugular, inmediatamente comenzó a fluir con fuerza un gran chorro de sangre. Mi sensación era como si estuviera quitando la vida a una persona, me sobrecogió una sensación de angustia y tristeza. El animal comenzó a gemir como si fuera el gemido de un bebe y aunque el experto granjero de Montalbán me había avisado que todo esto sería así, no pude soportar ver tal sufrimiento y con el cuchillo le corte el cuello, terminando con la agonía. Mientras que terminaba de desangrarse no pude evitar el pensar en cuantos miles de animales fueron sacrificados para expiación de nuestros pecados durante muchos años, y como Jesús fue llevado a la cruz como un cordero es llevado al matadero. El sacrificio de Cristo tiene para mí más relevancia desde ese acontecimiento, y mi gratitud es más grande y eterna"

Éxodo 12: 3-7 Dice:

"Hablad a toda la congregación de Israel, diciendo: En el diez de este mes tómese cada uno un cordero según las familias de los padres, un cordero por familia.

Más si la familia fuere tan pequeña que no baste para comer el cordero, entonces él y su vecino inmediato a su casa tomarán uno según el número de las personas; conforme al comer de cada hombre, haréis la cuenta sobre el cordero.

El animal será sin defecto, macho de un año; Lo tomaréis de las ovejas o de las cabras.

Y lo guardaréis hasta el día catorce de este mes, y lo inmolará toda la congregación del pueblo de Israel entre las dos tardes.

Y tomarán de la sangre, y la pondrán en los dos postes y en el dintel de las casas en que lo han de comer"

Capítulo 7

EL NACIMIENTO DEL DIOS-HOMBRE

Dice Gálatas 4: 4-7

"Pero cuando vino el cumplimiento del tiempo, Dios envió a su Hijo, nacido de mujer y nacido bajo la ley,

Para que redimiese a los que estaban bajo la ley, A fin de que recibiésemos la adopción de hijos.

Y por cuanto sois hijos, ¡Dios envió a vuestros corazones el Espíritu de su Hijo, el cual clama! Abba, Padre!

Así que ya no eres esclavo, sino hijo; y si hijo, también heredero de Dios por medio de Cristo".

7.1 El Postrer Hombre

Algo muy especial estaba sucediendo en los cielos, la gran actividad que había era algo inusual, fuera de lo común, todo indicaba que algo muy importante iba a suceder en la Tierra. Se nos había citado a una gran reunión a la que debíamos asistir todas las criaturas celestiales, porque el mismo Padre en persona nos iba a comunicar un mensaje muy importante. Cuando todos estuvimos presentes, el Padre que estaba sentado en su trono, se puso en pie y dijo:

"Ha llegado el momento de cumplir la promesa que le manifesté a mis siervos. Varias veces y de diferentes maneras les prometí que escogería y enviaría un salvador". Y a continuación hizo la siguiente pregunta: *"¿Ahora, a quien enviaré y quien irá por nosotros?"*. Se produjo un profundo silencio, algo inusual en los cielos, y de pronto alguien se puso de pie y con potente voz dijo: *"Heme aquí Padre, envíame a mí, yo iré, me ofrezco voluntariamente en sacrificio por todos los pecados y por los pecados de todos" (Heb 9.14), "Por eso me ama el Padre, porque yo pongo mi vida, para volverla a tomar. Nadie me la quita, sino que yo de mí mismo la pongo. Tengo poder para ponerla, y tengo poder para volverla a tomar. Este mandamiento recibí de mi Padre" (Jn 10.17, 18).*

Entonces el Padre le dijo: *"Ve, y he aquí, pongo en Sion una piedra escogida y muy valiosa, una preciosa piedra angular, y el que crea en El no será avergonzado jamás"* *(1 P 2.6)*.

Los Ángeles y los arcángeles iban de aquí para allá distribuyendo responsabilidades, y todo sucedía en el mayor de los secretos. No sabíamos nada, más allá de las funciones que se nos había encomendado, pero por la magnitud de lo que veíamos nos dábamos cuenta que lo que iba a suceder era algo de suma importancia, tan importante como la creación del hombre, o aún más. Luego comprenderíamos que Se trataba de la creación del Postrer hombre, un nuevo ser venido directamente del cielo a la tierra.

El Arcángel Gabriel fue enviado por Dios a una pequeña ciudad de galilea llamada Nazaret *(Lc 1.26)*, para visitar a una joven llamada María, que todavía era virgen ya que era soltera y estaba comprometida para casarse con un joven de la casa de David, llamado José. Cuando la encontró le dijo: *"¡Salve muy favorecida! El Señor es contigo; bendita tu entre las mujeres"* *(Lc 1.28)*. María no entendía lo que estaba pasando, estaba muy confundida, entonces Gabriel le dijo: *"María no temas, porque has hallado gracia delante de Dios. Y ahora, concebirás en tu vientre, y darás a luz un hijo, y llamarás su nombre JESÚS (Salvador). Este será grande, y será llamado hijo del Altísimo; y el Señor Dios le dará el trono de David su padre; y reinará sobre la casa de Jacob para siempre, y su reino no tendrá fin"*. María le dijo: *"Como será esto si aún soy virgen pues nunca he conocido varón. Precisamente por este motivo Dios te escogió, pues el hijo que vas a concebir no será engendrado por ningún hombre, sino que será engendrado en tu vientre por el Espíritu Santo, Por el mismo Dios"*.

7.2 La Virginidad de María

Tal vez hablar de la virginidad de la mujer en estos tiempos, sea para vosotros un asunto sin importancia; y entonces os preguntareis: ¿Por qué era importante que María fuera una joven virgen? Tratare de explicarlo con meridiana claridad. Ya os conté en el capítulo 5.3 de este libro, que, desde la creación del hombre, todo ser nacido de mujer, es engendrado/concebido por el método procreativo. Es decir que es engendrado por un hombre que aporta su simiente y concebido por una mujer que aporta su ovulo para que la simiente masculina lo fecunde. Todo esto se produce por medio de la copulación humana; una vez que se produce la copulación, la mujer pierde "la virginidad". Hoy es posible que una mujer conciba un hijo siendo virgen utilizando los actuales métodos científicos de fecundación, pero en esos tiempos, en los días de María era totalmente imposible que una mujer concibiera un hijo y siguiera siendo virgen.

Dios no escogió a María porque su virginidad tuviera algún mérito especial, había miles de jóvenes vírgenes en aquel lugar, la virginidad no tiene ningún mérito especial ni espiritual en sí misma; una joven virgen soltera no tiene una importancia mayor que una joven casada que haya perdido su virginidad, ambas son iguales ante Dios, baste tener en cuenta que las relaciones sexuales en el matrimonio fueron creadas por Dios en santidad; antes que Adán y Eva pecaran Dios les bendijo y como parte de esa bendición les dijo que debían tener hijos a través de las relaciones sexuales *(Gn.1.28, 4:1)*.

Dios escogió a María porque para ello la creó, para ser la madre terrenal de Jesús; recordemos que les dije que el plan de Dios para cada criatura es que nazca y crezca en el seno de una familia y esta fue la familia que Dios escogió y preparó para que naciera su hijo: la de José y María. Por este motivo María sería recordada siempre con cariño, como una mujer muy bendecida.

Desde que el primer hombre pecó, toda su descendencia lleva en su simiente el germen del pecado, a eso lo llamamos el pecado original. Por este motivo Dios planeo que Él mismo, en la persona de su unigénito Hijo nacería como un hombre: ustedes dirán ¿para qué? Dios quiso demostrar que sus criaturas podrían vivir sin pecar, que el pecado podía ser derrotado y exterminado de una vez para siempre de toda la creación. Y pensaran ¿Por qué no se hizo ángel? Ustedes recordaran que el pecado nació entre los seres angelicales en el cielo, por iniciativa de Lucifer. Los ángeles somos seres espirituales que no fuimos hechos a imagen de Dios y muchos de nosotros cayeron en el pecado, formando parte del origen del mismo.

Hasta ese momento toda persona nacida de forma natural llevaba en su naturaleza el pecado de Adán, es decir la desobediencia cometida por Adán y Eva, a esto lo llamamos el pecado original. Cada vez que un esperma humano engendraba un nuevo ser, indefectiblemente ese nuevo ser nacía "en pecado" y por lo tanto destituido de la gracia de Dios. En el caso de María, ella no concibió de ningún esperma humano, sino que la semilla que se depositó en su vientre para engendrar, vino directamente del cielo, del mismo trono de Dios, por lo tanto, el niño que nació era de naturaleza divina, sin pecado original, verdaderamente Dios; pero a su vez el ovulo que fue fecundado era el de María, es decir un ovulo humano, por lo que el niño también era verdaderamente un hombre.

Por lo tanto, tenemos una nueva creación, un nuevo ser nacido sin pecado original, un nuevo hombre, una sola persona con dos naturalezas: una verdadera naturaleza humana que lo convierte en un verdadero hombre y una verdadera naturaleza divina que lo convierte en el verdadero Dios.

Vosotros los seres humanos, y más específicamente los que seguís las distintas doctrinas cristianas en que habéis dividido la iglesia, habéis escrito mucho sobre la virginidad de María, incluso habéis diseñado una doctrina que dice que María ascendió al cielo desde donde intercede por vosotros, dándole a la virginidad un carácter casi divino; otros por el contrario dicen que María, luego del nacimiento de Jesús llevó una vida conyugal normal como esposa de José, incluso que tuvo otros hijos. Como os dije al principio del libro esto no es un tratado de teología para aclarar vuestras divergencias teológicas, yo estoy relatando los sucesos desde mi visión celestial, las verdaderas implicancias espirituales y eternas de los mismos, por lo tanto les digo que la virginidad de María solo prueba el verdadero origen divino de Jesús y no conlleva mérito alguno en sí misma, no la convierte en mediadora ni intercesora ni a ella ni a nadie ya que *"hay un solo Dios, y un solo mediador entre Dios y los hombres, Jesucristo hombre, el cual se dio a sí mismo en rescate por todos"* *(1 Timoteo 2.5,6)*. En los siguientes capítulos os contaré más detalles de la redención obtenida para la humanidad por Jesús, y comprenderéis claramente lo que digo sobre la verdadera mediación.

Dice Lucas 1: 26-35

"Al sexto mes el ángel Gabriel fue enviado por Dios a una ciudad de Galilea, llamada Nazaret,

A una virgen desposada con un varón que se llamaba José, de la casa de David; y el nombre de la virgen era María.

Y entrando el ángel en donde ella estaba, dijo: !!Salve, ¡muy favorecida! El Señor es contigo; Bendita tú entre las mujeres.

Más ella, cuando le vio, se turbó por sus palabras, y pensaba qué salutación sería esta.

Entonces el ángel le dijo: María, no temas, porque has hallado gracia delante de Dios.

Y ahora, concebirás en tu vientre, y darás a luz un hijo, y llamarás su nombre JESÚS.

Este será grande, y será llamado Hijo del Altísimo; Y el Señor Dios le dará el trono de David su padre;

Y reinará sobre la casa de Jacob para siempre, y su reino no tendrá fin.

Entonces María dijo al ángel: ¿Cómo será esto? pues no conozco varón.

Respondiendo el ángel, le dijo: El Espíritu Santo vendrá sobre ti, y el poder del Altísimo te cubrirá con su sombra; por lo cual también el Santo Ser que nacerá, será llamado Hijo de Dios".

7.3 La Santidad en la vida de Jesús

Jesús vivió como un hombre normal, pero sin pecar, el demostró que un ser creado puede vivir en santidad, obedeciendo las leyes de Dios. Vosotros diréis, claro así le fue fácil vivir en santidad, si él era Dios, pero lo maravilloso es que él por amor a la humanidad aun siendo en forma de Dios, no estimó el ser igual a Dios como cosa a que aferrarse, sino que se despojó a sí mismo, tomando forma de siervo, hecho semejante a los hombres; y estando en la condición de hombre, se humilló a sí mismo, haciéndose obediente hasta la muerte, y muerte de cruz, una muerte brutal, despiadada, terriblemente dolorosa e ignominiosa. *(Fil 2.6-8)* Nunca uso el poder de Dios en beneficio propio, solamente lo utilizó para hacer milagros en beneficio de la humanidad y para mostrar la gloria Dios.

El poder del Señor Jesús fue mostrado en muchas ocasiones cuando estaba en la tierra: curó leprosos, resucitó muertos, multiplicó los panes, caminó sobre las aguas, reprendió al mar y al viento. Era Dios y sin embargo vino a esta tierra naciendo como un simple bebé en una familia humilde. Cuando llegó la hora de nacer como no había lugar en el mesón, el Creador fue acostado en un pesebre, fue un niño sumiso a sus padres sin dejar de ser el Hijo de Dios. Aun siendo el Dios todopoderoso, conoció el cansancio debido al trabajo, tuvo hambre y sed. El que conocía todo, permaneció perfectamente humilde. No trato de dominar a los hombres. Cuando estos hicieron un complot para matarlo, no los destruyó como hubiese podido hacerlo. En el momento de ser crucificado, se dejó detener y atar. Le escupieron y no dijo nada; le pusieron una corona de espinas, y lo permitió; aun condenado a muerte permaneció mudo ante sus enemigos. Hubiese bastado una palabra para aniquilar a sus enemigos, pero el oró por ellos. Dejó que lo clavasen en una cruz para salvar a los hombres, los adversarios de Dios. El Señor Jesús es admirable en toda su vida y en todos sus actos, desde el pesebre de Belén hasta la cruz donde por su muerte muestra su gran amor por la humanidad.

Como ya les dije, era el Hijo Divino de Dios, encarnado en este planeta como un bebé indefenso. Era verdaderamente humano, así como verdaderamente divino, y como humano vivió el mismo tipo de vida que todos los hombres; nació, tuvo padres, tuvo compañeros de juego, fue a la escuela, aprendió como un artesano a trabajar la madera. Fue un buen hijo y un buen estudiante aprendiendo las Escrituras en la sinagoga; Vivió un tipo de vida normal y sin pretensiones, con todos los altibajos a los que la mayoría de personas están sujetos, no de modo distinto a sus contemporáneos. Y durante esta vida física que vivió, también tuvo una rica vida interior en la que fue consciente gradualmente de quién era y cuál iba a ser su verdadera misión en este mundo, esto es, por supuesto, lo que hacía a Jesús diferente a todos los demás -entonces y ahora-. Pues Jesús descubrió en su adolescencia cuál iba a ser esa misión, y quién era realmente. Después de eso, toda su vida estuvo centrada en las formas y medios de ejecutar su misión de acuerdo con la voluntad de su Padre en el cielo. Pero nunca abandonó su vida puramente humana, junto con todas sus responsabilidades; siempre fue fiel a los deberes que tenía como miembro de su familia, y una persona integrada a su comunidad; Y, al final de esta etapa de su vida, pudo finalmente dedicarse completamente a su misión: la de proclamar públicamente las "buenas nuevas" de la reconciliación del hombre con Dios y su salvación por medio de la fe.

Es llamativo el hecho de que todo esto sucedió en el tiempo escogido por Dios: *"Pero cuando vino el cumplimiento del tiempo, Dios envió a su Hijo, nacido de mujer y nacido bajo la ley, para que redimiese a los que estaban bajo la ley, a fin de que recibiésemos la adopción de hijos. Y por cuanto sois hijos, ¡Dios envió a vuestros corazones el Espíritu de su Hijo, el cual clama! Abba, Padre! Así que ya no eres esclavo, sino hijo; y si hijo, también heredero de Dios por medio de Cristo" (Gal 4.4-7).*

Dice 1ª Pedro 1: 13-20

"Por tanto, ceñid los lomos de vuestro entendimiento, sed sobrios, y esperad por completo en la gracia que se os traerá cuando Jesucristo sea manifestado;

Como hijos obedientes, no os conforméis a los deseos que antes teníais estando en vuestra ignorancia;

Sino, como aquel que os llamó es santo, sed también vosotros santos en toda vuestra manera de vivir;

Porque escrito está: Sed santos, porque yo soy santo.

Y si invocáis por Padre a aquel que sin acepción de personas juzga según la obra de cada uno, conducíos en temor todo el tiempo de vuestra peregrinación;

Sabiendo que fuisteis rescatados de vuestra vana manera de vivir, la cual recibisteis de vuestros padres, no con cosas corruptibles, como oro o plata,

Sino con la sangre preciosa de Cristo, como de un cordero sin mancha y sin contaminación,

Ya destinado desde antes de la fundación del mundo, pero manifestado en los postreros tiempos por amor de vosotros".

7.4 Las Tentaciones de Jesús

Dios ungió con el Espíritu Santo y con poder a Jesús de Nazaret, y éste anduvo haciendo bienes y sanando a todos los oprimidos por el diablo, porque Dios estaba con él. *(Hch 10.38)* Cuando Jesús cumplió 30 años, que era la edad requerida para poder servir a Dios en el Templo y en las sinagogas, dio comienzo a su ministerio divino.

En distintas ocasiones. Dios puede someteros a una prueba para poner en evidencia en vosotros, lo que es para su honra y lo que no lo es. Cuanto más puro sea un metal precioso, más grande es su valor. En la naturaleza, la mayoría de las veces los metales preciosos se encuentran bajo una forma compuesta o asociados a otros materiales menos nobles. Por eso el oro y la plata son sometidos al proceso de refinación y fundidos a altas temperaturas; Esta operación permite separar los elementos preciosos de los comunes. Esas pruebas pueden ser dolorosas, pero serán provechosas en la medida que comprendáis que Dios quiere acercaros a él y quitar de vuestra vida todo lo que no concuerda con las exigencias de su santidad.

La imagen de la refinación también es empleada en relación con la Palabra de Dios. Las palabras del Señor son puras y perfectas. Son comparadas a la *"plata refinada en horno de tierra, purificada siete veces"* *(Salmo 12.6)*.

El Señor Jesús mismo, quien vino como hombre a la tierra, era perfectamente puro y santo. Podía decir a Dios: *"Tú has probado mi corazón... me has puesto a prueba, y nada inicuo hallaste; he resuelto que mi boca no haga transgresión"* *(Salmo 17.3)*. Todos los sufrimientos a los cuales Cristo fue sometido no hicieron más que confirmar su pureza perfecta.

Por todo esto, como parte de la prueba, una vez más Satanás quiso impedir que el cumpliera el propósito de Dios y siendo llevado Jesús al desierto por el Espíritu Santo, después de haber ayunado cuarenta días, Satanás quiso repetir las tentaciones que tan buen resultado le habían dado con Adán, en el jardín del Edén, creyendo que de esta forma obtendría la sumisión de Jesús, anulando de esta manera el plan de redención que Dios había diseñado para salvar a la humanidad y destruir al pecado definitivamente. El método que utilizó consistió en tres tentaciones:

Primera Tentación

Después de ayunar cuarenta días en el desierto, Jesús tuvo hambre y la primera tentación que utilizo Satanás fue: ya que tienes hambre, si eres el Hijo de Dios di que estas piedras se conviertan en pan *(Lc 4.3)*. Cuando Jesús se bautizó Dios dijo: *"**Este "es"** mi hijo amado en el que me complazco"* *(Mt 3.17)*, y ahora Satanás pone nuevamente en duda la palabra de Dios y queriendo provocar en Jesús la duda le dice: ***"Si "eres"** el Hijo de Dios di que estas piedras se conviertan en pan"* *(Mt 4.3)*, utiliza el poder que tienes como Dios para satisfacer tu hambre humana, renuncia a tu humanidad utilizando tu divinidad. Como sabemos Jesús no cayó en esa trampa y dijo: *"Escrito está,*

No solo de pan vivirá el hombre sino de toda palabra que sale de la boca de Dios" *(Mt 4.4).*

1. La Primera tentación consiste en obtener pan sin Dios, en no depender de Dios para subsistir, en valerse por sí mismo, en ser "autosuficiente" sin Dios.

La gente que sigue rechazando a Dios, suele decir: "Dios no me dio nada, todo lo que tengo lo conseguí yo, sin la ayuda de nadie, por méritos míos, por mi propio esfuerzo".

Si pudierais ver el mundo espiritual y la hermosa complejidad de la vida, del cerebro y del organismo humano, comprobaríais que sin Dios nada puede sostenerse, Colosenses 1:16-17 dice: *"Porque en él* (en Dios) *fueron creadas todas las cosas, las que hay en los cielos y las que hay en la tierra, visibles e invisibles; sean tronos, sean dominios, sean principados, sean potestades; todo fue creado por medio de él y para él. Y él es antes de todas las cosas, y* ***todas las cosas en él*** (en Dios) ***subsisten"***; esta es la verdadera esencia de la vida, no podéis existir o manteneros en el mismo estado o situación en que estáis ni desarrollar vuestra vida por vosotros mismos. Cada día en vuestro cuerpo mueren y nacen millones de células y cada miembro de vuestro cuerpo tiene funciones específicas necesarias para el sostenimiento de vuestro organismo. Y todo esto funciona de manera "autónoma o automática" sin que podáis controlar nada por más conocimientos científicos que tengáis; por otro lado en cada día hay miles de sucesos y acontecimientos imposibles de controlar, que rodean todas vuestras actividades. Todo lo que os acontece es producto de la providencia divina, aunque no lo aceptéis o reconozcáis.

Por todo esto podéis deducir que la tentación de Satanás de que podéis ser autosuficientes y obtener "pan" sin Dios, no solo es una utopía, sino también una gran mentira diabólica.

Jesús dijo: *"Sin mi nada podéis hacer"* *(Jn 15.5)*, y: *"No solo de pan vivirá el hombre sino de toda palabra que sale de la boca de Dios"* *(Mt 4.4)*.

Segunda Tentación

La segunda tentación consistió en mostrarle a Jesús todos los reinos de la tierra y le dijo: Te daré todo el poder y la riqueza de toda la tierra si me adoras postrado; realmente el diablo tomó poder y autoridad sobre la tierra cuando Adán desobedeció a Dios obedeciendo a Satanás (recordemos que ese poder para gobernar la tierra Dios se lo había dado a Adán *(Gen. 1.27-31)* y Adán lo perdió cuando desobedeció). Jesús resistió esta tentación diciendo: *"Vete de mí Satanás porque escrito esta: al Señor tu Dios adoraras y a él solo servirás"* *(Dt. 6.13)*

2. **La Segunda tentación consiste en obtener poder y riqueza sin Dios, sin su guía y dirección, en no vivir adorando al verdadero Dios, sino en vivir adorando a otros "dioses", llámense El diablo, supersticiones, el dinero, el trabajo, ídolos, Etc. Etc.**

La lucha por tener poder y riquezas es la causa de muchos de los males de la humanidad. Desde los tiempos antiguos los hombres se enfrascaron en crueles y sangrientas guerras, deseando tener el poder y dominio total, matando robando y saqueando todo lo que encontraban a su paso, con el afán de ser poderosos y obtener toda la riqueza posible. Por otro lado vemos cómo en estos días empresarios, políticos, jueces, militares y todos los que ostentan algún tipo de autoridad, diariamente aparecen involucrados en algún triste suceso de corrupción.

Lamentablemente todo esto sucede como consecuencia del pecado, los hombres decidieron adorar a Satanás antes que a Dios, aunque no sean conscientes y no practiquen ningún rito ni ceremonia de adoración diabólica, cada vez que por medio de engaños y mentiras tratan de obtener poder y riquezas, están quebrantando los mandamientos de Dios dejando de adorarle y por lo tanto están dando crédito a las mentiras de satanás desarrollando una encubierta adoración satánica. Jesús venció esta tentación reconociendo que *"escrito esta: al Señor tu Dios adoraras y a él solo servirás"* *(Dt. 6.13)*

Este es un mal muy común en estos tiempos y el apóstol San Pablo ya os advertía de esto en su segunda epístola a Timoteo en el capítulo 3:1-5: *"También debes saber esto: que en los postreros días vendrán tiempos peligrosos. Porque habrá hombres amadores de sí mismos, avaros, vanagloriosos, soberbios, blasfemos, desobedientes a los padres, ingratos, impíos, sin afecto natural, implacables, calumniadores, intemperantes, crueles, aborrecedores de lo bueno, traidores, impetuosos, infatuados (vanidosos, presuntuosos) amadores de los deleites más que de Dios, que tendrán apariencia de piedad, pero negarán la eficacia de ella;* ***a estos evitad"****.*

Tercera tentación

En la tercera tentación Satanás le lleva a la parte más alta del templo y le dice: *"Si eres hijo de Dios tírate al precipicio porque está escrito que Dios mandara a sus ángeles para protegerte"* *(Lc.4.9-12)* Lo que realmente quería Satanás era que Jesús se tirara para que, al mandar Dios a sus ángeles para guardarlo, la gente se maravillara viendo a este nuevo ser sobrenatural, un súper-hombre. Jesús le contesto: *"Dicho esta, no tentarás al Señor tu Dios"* *(Dt. 6.16).*

3. La tercera tentación consiste en obtener fama y prestigio sin Dios, de obtener el éxito de cualquier manera,

sin tener en cuenta las leyes y enseñanzas del Señor, sin tener principios ni respetar a los demás.

Nunca como en estos tiempos hubo tanto deseo de ser famoso, exitoso. Pareciera que toda la humanidad está embarcada en una feroz lucha por ser famosa, todos quieren ser famosos y ricos y están dispuestos a lograrlo a cualquier precio. Frecuentemente nos enteramos de mucho/as famosos que llegaron a la cima después de cometer un sinfín de barbaridades, algunos/as prostituyeron sus cuerpos, otros mintieron, robaron, pisotearon a sus compañeros, dejaron sus principios, sacrificaron su tiempo, su familia y aun a su propia conciencia; si pudiéramos preguntarles a los que obtuvieron la fama de esta manera si ¿valió la pena?, seguramente la mayoría diría qué no. Satanás os sigue tentando continuamente para que obtengáis fama sin Dios, quebrantando todos sus mandamientos.

Dios no se opone a la verdadera fama y prosperidad, pero esta dista mucho del concepto de éxito que el mundo os da. Él le aconsejo a Josué: Nunca se apartará de tu boca este libro de la ley (la Biblia), sino que de día y de noche meditarás en él, para que guardes y hagas conforme a todo lo que en él está escrito; **porque entonces harás prosperar tu camino, y todo te saldrá bien (tendrás éxito, serás famoso).** El salmo 112:1,2 nos dice: Cuán bienaventurado es el hombre que teme al Señor, que mucho se deleita en sus mandamientos, **poderosa en la tierra será su descendencia (famosa) la generación de los rectos será bendita.**

Después de esto, cuando el diablo hubo acabado toda tentación, le dejo por un tiempo y Jesús comenzó su ministerio terrenal.

7.5 La Misión de Jesús, su ministerio

El ministerio de Jesús comienza con su bautismo en la región de Judea, cerca del río Jordán, y termina en Jerusalén, después de la Última Cena con sus discípulos. El Evangelio de Lucas *(Lc 3.23)* declara que Jesús era *"como de treinta años"* al inicio de su ministerio. Pero, ¿por qué comenzó a los 30 años y no antes? Pues bien, para los judíos esta edad tenía un significado especial en diversos aspectos de la vida en aquellos tiempos.

En el Antiguo Testamento, los sacerdotes comenzaban a oficiar a los 30 años de edad según la ley judía *(Nm 4.3)*. Jesús como el Sumo Sacerdote del nuevo pacto *(Heb 3.1; 4.14; 6.20)* comenzó su obra sacerdotal a los 30 años, pues tenía que interceder ante el Padre por el hombre, esta vez derramando su propia sangre para perdón de pecados.

Dividiremos el ministerio de Jesús en tres etapas:

La etapa inicial: Jesús comienza después de su bautismo, cuando él regresa a Galilea después de su tiempo en el desierto de Judea. En este primer período predicó alrededor de Galilea y llamó a sus primeros discípulos que comenzaron a viajar con él y finalmente constituirían el núcleo de la Iglesia primitiva.

La etapa central: En esta etapa, sucede la comisión de los Doce Apóstoles, y cubre la mayor parte del ministerio de Jesús en Galilea, hasta el final de este periodo que comienza después de la muerte de Juan el Bautista, cuando Jesús se prepara para ir a Jerusalén.

La etapa final: Comienza con el último viaje de Jesús a Jerusalén desde el mar de Galilea -que en realidad es un gran lago de agua dulce-, y recorriendo a lo largo del río Jordán cerca de un tercio del camino, regresa a la zona donde fue bautizado atravesando Judea y Perea, hasta llegar a Jerusalén y comenzar con Su pasión (que describo a continuación en el capítulo 8 de este libro).

Podría escribir mucho sobre los acontecimientos de estos tres años de ministerio, pero vosotros los tenéis ampliamente detallados en los cuatro evangelios de la biblia, por lo tanto solo me voy a detener en la Pasión de Jesús.

Capítulo 8

LA PASION DEL DIOS-HOMBRE

Dice Hechos 4: 27.28

"Porque verdaderamente se unieron en esta ciudad contra tu santo Hijo Jesús, a quien ungiste, Herodes y Poncio Pilato, con los gentiles y el pueblo de Israel,

Para hacer cuanto tu mano y tu consejo habían antes determinado que sucediera".

8.1 La Pasión De Jesús

Después de estar durante casi tres años desarrollando su ministerio, cumpliendo la misión que el Padre le había encomendado, llego el momento en que Jesús tenía que cumplir el propósito para el que vino a la tierra y cuando llego la pascua viajo a Jerusalén para entregar su vida como ofrenda y rescate por todos vosotros.

Había una tradición de que todos los que pudieran debían viajar a Jerusalén a celebrar la pascua. Era un bonito espectáculo ver las extensas caravanas de personas que viajaban desde todos los pueblos, algunos muy distantes, a más de 100 kilómetros. Los Levitas y los cantores del templo se colocaban en la ladera de la montaña cantando Salmos y alabanzas al Señor, y cuando veían aproximarse alguna caravana, les preguntaban cantando el salmo 121: Alzaré mis ojos a los montes; ¿De dónde vendrá mi socorro?, y los integrantes de la caravana respondían: Mi socorro viene del Señor, Que hizo los cielos y la tierra; en una de esas caravanas vino Jesús a Jerusalén a esa, su última pascua.

En la última semana de su vida terrenal, Jesús desarrolló una gran actividad espiritual, contarles todo esto implicaría escribir varios libros por lo tanto me limitaré solo a contarles los acontecimientos relacionados directamente con la redención. *"Un día Jesús tomo tres de sus discípulos, a Pedro, Juan y Jacobo y subió con ellos a un monte a orar, mientras que oraba su rostro y sus vestidos se tornaron blancos y resplandecientes y aparecieron hablando con él, también rodeados de gloria, Moisés y Elías y hablaban de la partida de Jesús, de lo que iba a cumplir en Jerusalén" (Lc. 9.28-36).*

Moisés fue la persona escogida por Dios para liberar a su pueblo de la esclavitud de Egipto, luego los guió por el desierto hasta la tierra prometida y además por medio de él fueron reveladas las leyes de Dios y Dios le dio escritos con su propio dedo lo que conocéis como "los diez mandamientos", en tablas de piedra. Dios le revelo que levantaría un profeta y que le deberían oír como a Moisés *(Hch. 3.22-26),* claramente se refería a Jesús. Moisés murió a los ciento veinte años de edad en el monte Nebo, y Dios le enterró no revelándole a nadie el lugar de su sepultura *(Dt. 34.5-7).* Más adelante uno de nosotros, el arcángel Miguel, fue enviado por Dios a buscar el cuerpo de Moisés para llevarlo al cielo y Satanás trato de impedirlo, Satanás quería que el pueblo de Dios descubriera el cuerpo para que lo convirtieran en objeto de adoración, y Dios quiso que estuviera con El, completo en el cielo, por supuesto con un cuerpo glorificado. Hablar de Moisés es hablar de las leyes de Dios, de sus mandamientos. Moisés representa "la ley de Dios".

Elías fue un gran profeta, los profetas tuvieron un lugar predominante en los planes de Dios. Ellos tuvieron la responsabilidad de recordar al pueblo las leyes de Dios y de exhortarlos y corregirlos cada vez que se apartaban de ellas y por lo tanto de Dios. Hubo muchos profetas, pero debido a su temperamento y a un ministerio poderoso, basado en la Palabra de Dios, Elías representa a "los profetas". Elías no murió, fue llevado al cielo con vida *(2 R. 2.1-11).* Por lo tanto, en este momento de la vida de Jesús vemos que junto a él aparecen con forma resplandeciente los dos testigos que hay en el cielo, a los cuales Dios les había prometido que un día iba a enviar un profeta mayor que ellos, que se sentaría en el trono del rey David para siempre. Jesús es este profeta, El cumplió perfectamente la ley de Dios. Hablar de Moisés y de Elías es hablar de la ley de Dios dada originalmente al pueblo de Israel, como la antesala de la redención. Cada vez que un sacerdote o el sumo sacerdote, en los tiempos del antiguo testamento, ofrecía un sacrificio en el altar, este sacrificio representaba simbólica pero efectivamente al sacrificio que Jesús un día iba a hacer por la humanidad, y era tan efectivo que otorgaba salvación por la fe en el sacrificio que Cristo realizaría en el futuro.

Moisés y Elías fueron testigos de la santidad de Jesús y de su total obediencia a la ley de Dios, Jesús ya había cumplido habiendo demostrado que un ser creado por Dios puede vivir en completa santidad y Obediencia a Dios, que las leyes de Dios Son Justas y pueden ser cumplidas. El cuerpo de Jesús se transfiguró y aun sus vestidos resplandecieron, estaba preparado para ascender al cielo, había vencido al pecado. Pero nosotros oímos desde el cielo que Jesús renunciaba a ese derecho y les contaba a Moisés y a Elías que partiría a Jerusalén para completar la redención y que por lo tanto moriría en la cruz como sustituto cargando con los pecados de todos los hombres. ¡El amor de Dios es tan grande como incomprensible para nosotros!

Esa semana hubo otro gran suceso en la vida de Jesús, el jueves por la noche, luego de celebrar la pascua con sus discípulos, tomo a tres de ellos y se fue a orar al huerto de Getsemaní, y les dijo: *"Sentaos aquí, entre tanto que voy allí y oro. Se alejó como 50 metros, y estando solo en su oración decía: Padre, si quieres, haz que pase de mí esta copa; pero que no se haga mi voluntad, sino la tuya. Entonces Se le apareció un ángel del cielo, para fortalecerlo* (uno como yo, pero enviado por el Padre, ungido con gran poder, *Lc 22:43). Pero Jesús lleno de angustia, oraba con más intensidad. Y era su sudor como grandes gotas de sangre que caían hasta la tierra".* Era tal la tensión que estaba soportando que los capilares bajo la piel se rompían derramando sangre que se mezclaba con el sudor. Podréis pensar que tan grande angustia era por el temor al sufrimiento y la muerte física que soportaría, pero Él no tenía miedo a la muerte física, ya había dicho: *"Por eso me ama el Padre, porque yo pongo mi vida, para volverla a tomar. Nadie me la quita, sino que yo de mí mismo la pongo. Tengo poder para ponerla, y tengo poder para volverla a tomar. Este mandamiento recibí de mi Padre" (Jn 10.17-18),* estaba seguro que resucitaría, pero entonces ¿cuál era el motivo de tan grande angustia? Les diré cuál era el motivo:

Durante toda la eternidad El hijo (Jesús) y el Padre formaron una única unidad, Dios es uno, nunca se separaron en toda la eternidad *(Jn 10:30)*, para que Jesús pudiera morir debía separarse por primera y única vez del padre, (recuerden que muerte es separación) y para que esto fuera posible Jesús debía tomar como propios los pecados de toda la humanidad, convirtiéndose de esta manera en el ser más sucio, depravado y pecaminoso que haya existido jamás en toda la historia pasada, presente y futura *(2Cor 5.21) "Al que no conoció pecado, por nosotros lo hizo pecado, para que nosotros fuésemos hechos justicia de Dios en él"; "Porque también Cristo padeció una sola vez por los pecados, el justo por los injustos, para llevarnos a Dios, siendo a la verdad muerto en la carne, pero vivificado en espíritu" (1 P 3.18-21);* Jesús sabía que cuando se encontrara en la cruz cargando con los pecados de todos, se convertiría en un ser tan sucio que el Padre no podría mirarlo, dándole la espalda, desamparándolo, y esa experiencia terrible era lo que le causaba tanta angustia.

Cuando terminó de orar se levantó, y he aquí que se presentó una turba encabezada por Judas, uno de sus discípulos escogidos. Venían preparados para detener a Jesús, y así lo hicieron; uno de sus discípulos sacó la espada para defenderlo, pero él le dijo: Vuelve tu espada a su lugar; porque todos los que tomen espada, a espada perecerán. ¿Acaso piensas que no puedo ahora orar a mi Padre, y él no me daría más de doce legiones de ángeles? ¿Pero cómo entonces se cumplirían las Escrituras, de que es necesario que así se haga?

Verdaderamente allí estábamos varias legiones de ángeles, preparados para defender al Creador, esperando que el Padre nos diera la orden. Pero la orden no llegó; entonces comprendimos que Dios ama tanto y de tal manera a los hombres, su creación, que estaba dispuesto a llegar hasta el final con su plan de salvación. *"Porque de tal manera amó Dios al mundo, que ha dado a su Hijo unigénito, para que todo aquel que en él cree, no se pierda, más tenga vida eterna" (Jn 3.16).*

"La Cruz es el Centro de la Eternidad".

Entonces comenzaron una serie de sucesos, que sin lugar a dudas han sido los más dramáticos de la historia de la eternidad. Trataré de relatarlos cronológicamente:

1. Jesús fue tomado prisionero por una compañía de soldados, el tribuno y los alguaciles de los judíos *(Jn 18:12).*

2. Jesús fue llevado ante Anás, que era el suegro del sumo sacerdote, quien luego lo envió atado al sumo sacerdote Caifás, y estaban reunidos con él, los principales sacerdotes, los escribas y los ancianos del pueblo, quienes lo condenaron a Morir por haberse declarado, entre otras cosas, "El Cristo, el Hijo de Dios" y "El Rey de los judíos".

3. Llevaron a Jesús al cuartel general del ejército romano, el pretorio, para que fuera juzgado por el gobernador romano de Judea, Poncio Pilato, ya que si bien, los romanos permitían que los judíos juzgaran a los acusados, si la sentencia era de muerte debía ser corroborada por el representante de Roma.

4. Jesús es llevado ante Herodes Antipas, tetrarca de Galilea. Cuando Poncio Pilato se enteró que Jesús era Galileo, y al no ver ninguna culpa en él, para quitarse el problema de encima se lo envió al tetrarca de Galilea, considerando que el asunto era de su jurisdicción.

5. Jesús es devuelto a Pilatos, quien muy a pesar suyo y por pedido de la turba, alentada por los principales sacerdotes judíos, lo condena a morir en la Cruz.

En el trascurso de estos acontecimientos, Jesús fue abofeteado, escupido, azotado, vituperado, humillado, menospreciado, burlado, golpeado, desnudado, Coronado con espinas, y después de haberle escarnecido, le quitaron el manto, le pusieron sus vestidos, y le llevaron por último para crucificarle.

Le obligaron a cargar su propia cruz y cuando llegaron a un lugar llamado Gólgota, que significa lugar de la calavera, le clavaron en ella.

Estos relatos se refieren a todo lo que vosotros, los humanos pudisteis ver en la tierra, pero nosotros los ángeles vimos todas las cosas que estaban sucediendo en el mundo espiritual, las cuales estaban cambiando definitivamente el curso de la historia en la tierra y en los cielos; la eternidad futura estaba cambiando, y estábamos siendo testigos del mayor sufrimiento que jamás podría existir y del amor más grande jamás visto.

8.2 Las Últimas Palabras de Jesús

(Parte de este inciso está basado en el libro: Las Siete Últimas Palabras de Cristo, **Por John MacArthur)**

Estando en la cruz Jesús pronuncio siete frases. "Las Siete Palabras", es la denominación convencional de las siete últimas frases que Jesús pronunció durante su crucifixión antes de morir, tal como se recogen en los Evangelios canónicos. Los dos primeros, el de Mateo y el de Marcos, mencionan solamente una, la cuarta. El de Lucas relata tres, la primera, segunda y séptima. El de Juan recoge las tres restantes, la tercera, quinta y sexta. Aunque no puede determinarse su orden cronológico, su orden tradicional es:

1. ***"Padre, perdónalos, porque no saben lo que hacen"*** *(Lc 23.34).*
2. ***"Yo te aseguro: hoy estarás conmigo en el Paraíso"*** *(Lc 23.43).*
3. ***"Mujer, ahí tienes a tu hijo. (...) Ahí tienes a tu madre"*** *(Jn 19.25-27).*
4. ***"¡Dios mío, Dios mío!, ¿por qué me has desamparado?"*** *(Mt 27. 46 y Mc 15.34).*
5. ***"Tengo sed"*** *(Jn 19.28).*
6. ***"Todo está cumplido" -consummatum est-*** *(Jn 19.30).*

7. ***"Padre, en tus manos encomiendo mi espíritu"*** *(Lc 23. 46).*

Debido a los rigores físicos de la crucifixión, Cristo habló con gran dificultad durante sus últimas horas en la cruz. La Escritura registra sólo siete breves palabras del Salvador en la cruz, pero cada una de ellas revela que Cristo permaneció soberanamente en control, así como cuando El murió. Cada uno de sus dichos tuvo un profundo significado, por lo tanto vamos a analizar cada una de estas importantes palabras:

1. **La primera Palabra Dice: *"Padre, perdónalos, Porque no saben lo que hacen"*** *(Lc 23. 34).*

Jesús pide perdón para sus verdugos y escarnecedores

Mientras estaba colgado en la cruz, Cristo emitió una petición de clemencia en nombre de sus verdugos, mientras los soldados seguían apostando por su ropa, Él oró a Dios para el perdón en su nombre. Lucas registra que poco después de la cruz fue resucitado en el Calvario.

Estas palabras fueron pronunciadas, inmediatamente que Jesús fue clavado y la cruz era levantada. Es digno de notarse que tan pronto como la sangre del Gran Sacrificio comenzó a fluir, Jesús como gran sumo sacerdote comenzó a interceder.

Mientras que otros se burlaban de Él, y las burlas y mofas alcanzaban una agitación extrema. Cristo respondió precisamente en el sentido contrario a lo que la mayoría de los hombres harían. En lugar de amenazar, azotar, o maldecir a Sus enemigos, oró a Dios en su nombre.

La intercesión sacerdotal

Al igual que con muchos de los detalles que rodean la muerte de Jesús, esta intercesión sacerdotal en favor de sus propios asesinos se hizo en cumplimiento de la profecía del Antiguo Testamento: *"Él derramó su vida hasta la muerte, y fue contado con los pecadores; habiendo él llevado el pecado de muchos,* ***y orado por los transgresores****"* *(Is 53.12)*.

Todo el sentido de la cruz se resume en este único acto de intercesión. *"Porque Dios no envió a su Hijo al mundo para juzgar al mundo, sino para que el mundo fuera salvo por Él."* *(Jn 3.17)*. Ciertamente, cualquier hombre mortal habría deseado sólo maldecir o injuriar a sus asesinos en estas circunstancias. Incluso se podría pensar que el Dios encarnado desearía llamar alguna explosión atronadora de juicio contra esos hombres malvados. Pero Cristo estaba en una misión de misericordia. Él estaba muriendo para conseguir el perdón de los pecados. E incluso en la cúspide de Su agonía, la compasión llenó su corazón.

La frase "porque no saben lo que hacen" no sugiere que eran inconscientes de que estaban pecando. La ignorancia no exime a nadie del pecado. Estas personas se comportaban con maldad, y lo sabían. La mayoría eran plenamente conscientes de sus actos de maldad. Pilato mismo dio testimonio de la inocencia de Jesús. El Sanedrín era plenamente consciente de que ninguna acusación legítima podrían ser llevados en contra de Él. Los soldados y la multitud fácilmente pudieron ver que se estaba cometiendo una gran injusticia, y sin embargo, todos alegremente participaron. Muchos de los espectadores que se burlaban en el Calvario habían oído a Cristo enseñar y le habían visto hacer milagros. No podían haber creído realmente en sus corazones que merecía morir de esta manera.

Pero eran ignorantes de la enormidad de su crimen. Ellos fueron cegados a la plena realidad de que estaban crucificando a Dios el Hijo. Eran espiritualmente insensibles porque amaron más las tinieblas que la luz. Por lo tanto no reconocieron que Aquel que estaban poniendo a la muerte era la Luz del Mundo. *"Porque si lo hubieran entendido no habrían crucificado al Señor de la gloria"* *(1 Co 2. 8).*

¿Cómo fue contestada la oración de Jesús? La primera respuesta llegó con la conversión de uno de los ladrones en la cruz junto a Jesús *(Lc 23.40-43).* Le siguió otra de inmediato, con la conversión de un centurión, uno de los soldados que habían crucificado a Cristo *(v. 47).* Otras respuestas a su oración llegaron en las semanas y meses que siguieron a la crucifixión, particularmente en Pentecostés-cuando un número incalculable de personas en Jerusalén se convirtieron a Cristo. Sin duda, muchos de ellos eran los mismos que habían clamado por la muerte de Jesús y lo insultaban desde el pie de la cruz. El libro de los Hechos dice *(Hch 6.7)*, por ejemplo, que un gran número de los sacerdotes del templo más tarde confesó a Jesús como Señor.

Una Muestra de Misericordia, No un Acceso Directo Divino

Es importante entender que la petición de Jesús de perdón por sus asesinos no garantizaba el perdón inmediato e incondicional de todos los que participaron en la crucifixión. Él estaba intercediendo en nombre de todos los que se arrepientan y se conviertan a Él como Señor y Salvador. Su oración fue tal que cuando finalmente se dieron cuenta de la enormidad de lo que habían hecho y buscaron el perdón del Padre celestial por su pecado, Él no les tendría en cuenta el asesinato de Su amado Hijo.

El perdón divino nunca se concede a las personas que permanecen en la incredulidad y el pecado. Los que se aferraron a su odio por Jesús, no estaban de ninguna manera absueltos automáticamente de su crimen por la oración de Jesús. Pero los que se arrepintieron y buscaron el perdón, como el centurión, o el ladrón en la cruz, o los sacerdotes, o las personas en la multitud, todos los que más tarde lo abrazaron encontrarían abundante misericordia en respuesta a la petición de Cristo en su nombre.

La oración de Cristo era una señal de la misericordia ofrecida a todos los que lo oyeron. Él oró en voz alta por causa de ellos *(Jn 11.42)*. Su pecado fue tan insondablemente atroz que si los testigos no le hubiesen de hecho escuchado a Él rogando por el perdón de Sus asesinos, la mayoría podrían haber asumido que habían cometido una ofensa imperdonable.

El perdón por el que Cristo oró se ofrece gratuitamente a todos *(Ap 22.17)*. De hecho, Dios está ***dispuesto*** a perdonar a los pecadores arrepentidos. El padre del hijo pródigo es un cuadro vivo del afán de Dios por perdonar. El Señor aboga por cada pecador que se ha reconciliado con Él *(2 Co 5.20; Ez 18.3-32; Hch 17.30)*. Para aquellos que se arrepienten del pecado, Él promete recibirlos libremente con perdón. Si esa oferta se extendió a los que asesinaron al Autor de la vida, ¿cuánto más está disponible para vosotros hoy en día?

2. La Segunda Palabra Dice: *"Yo te aseguro: hoy estarás conmigo en el Paraíso"* *(Lc 23.43)*.

De la Burla a la Penitencia

A medida que las horas de agonía pasaban en la cruz, uno de los dos ladrones que se habían burlado de Cristo antes ahora tenía un cambio de corazón. No sabemos Lo que le hizo cambiar, no se menciona, y solo Dios sabe lo que hay en el corazón del hombre. Quizás el ladrón escuchó y fue tocado por la oración de Jesús por misericordia, por el perdón de sus verdugos, creyendo que ese perdón también se le podría aplicar a él. Sea cual sea lo que haya motivado su cambio, fue un tremendo milagro.

El hombre era, sin duda, una de las personas más profundamente degeneradas en la escena. Él y su cómplice eran delincuentes profesionales, hombres cuyas vidas habían sido dedicadas a los robos y al caos. La profundidad de la maldad de su carácter se demuestra por el hecho de que utilizaron sus últimas fuerzas para unirse a la burla de Cristo. Ellos, obviamente, sabían de Su inocencia, porque el ladrón arrepentido finalmente reprendió a su compañero, diciendo: *"pero éste nada malo ha hecho." (Lc 23.41).* Sin embargo, hasta que uno de ellos se arrepintió, ambos amontonaron burla y desprecio sobre El de todos modos.

Pero llegó un momento en que las burlas de un ladrón se callaron, y en silencio, en su interior se volvió hacia el arrepentimiento, y el corazón del ladrón fue cambiado por completo. Mientras veía a Jesús, sufriendo todos esos abusos con tanta paciencia, sin injuriar o insultar a Sus verdugos, el ladrón comenzó a ver que este hombre en la cruz del centro era de hecho quien decía ser. La evidencia de su arrepentimiento se ve en su cambio inmediato de conducta, cuando sus insultos burlones se volvieron en palabras de elogio para Cristo.

Primero reprendió a su cómplice, el otro malhechor: *"¿Ni aun temes tú a Dios, estando en la misma condenación? Nosotros, a la verdad, justamente padecemos, porque recibimos lo que merecieron nuestros hechos".* Al decir eso, confesó su culpa, y también reconoció la justicia de la pena que le habían dado. Además afirmó la inocencia de Cristo.

Luego se volvió a Jesús y le confesó como Señor: *"Jesús, acuérdate de mí cuando vengas en tu reino"*.

Esa confesión de Jesús como Señor y Rey fue seguida inmediatamente por la segunda de las siete últimas palabras de Jesús: *"De cierto te digo, que hoy estarás conmigo en el paraíso"*.

Seguridad Bendita

A ningún pecador nunca se le dio la seguridad más explícita de la salvación. Este más inusual de los santos fue recibido de inmediato y sin condiciones en el reino del Salvador. El incidente es uno de los mayores ejemplos bíblicos de la verdad de la justificación por la fe. Este hombre no había hecho nada para *merecer* la salvación. De hecho, él no estaba en condiciones de hacer nada meritorio. Ya sin aliento en medio de sus propias agonías de muerte, no tenía esperanza alguna de *ganar* el favor de Cristo. Pero al darse cuenta de que estaba en una situación absolutamente desesperada, el ladrón buscaba sólo una modesta muestra de la misericordia de Cristo: *"Acuérdate de mí"*.

Su petición era una súplica desesperada y final por una pequeña misericordia que él sabía que no merecía. Resuena el grito lastimero del publicano, quien *"de pie y a cierta distancia, no quería ni siquiera alzar los ojos al cielo, sino que se golpeaba el pecho, diciendo: Dios, ten piedad de mí, pecador"* *(Lc 18.13)*. Para que a alguno de los dos se le concediera la vida eterna y el ser recibido en el reino, tenía que ser sobre los méritos de otro, no de los suyos. Y sin embargo, en ambos casos, Jesús aseguró un pleno, completo e inmediato perdón y la vida eterna. Esas son pruebas indudables de que la Justificación es solo por la Fe.

Las palabras de Jesús al ladrón moribundo le transmitieron una promesa incondicional de perdón total, cubriendo cada mala acción que había hecho. No se esperaba que expiara sus propios pecados, hacer penitencia, o realizar cualquier ritual. Él no fue llevado a un purgatorio inexistente donde debería estar un largo período "purgando sus pecados", en cambio, su perdón fue completo, gratuito e inmediato: *"Hoy* estarás conmigo en el paraíso".

Eso fue solo lo que Cristo le dijo. Pero era todo lo que el ladrón necesitaba escuchar. Él todavía estaba sufriendo un tormento físico indescriptible, pero la miseria que sentía en su alma, ahora se había ido. Por primera vez en su vida él era libre de la carga de sus pecados. El Salvador a su lado, estaba llevando ese pecado por él. Y el ladrón ahora vestía la justicia perfecta de Cristo. Pronto estarían en el Paraíso juntos. El ladrón tenía la propia palabra de Cristo que se lo confirmaba.

3. La Tercera Palabra Dice: ***"Mujer, ahí tienes a tu hijo. (...) Ahí tienes a tu madre"*** *(Jn 19.25-27).*

En medio de su angustia más grande, la atención de Cristo no fue sobre Sí mismo y Sus necesidades. Incluso cuando estaba colgado en la cruz, golpeado y sangrando hasta la muerte, Su atención se centró en todo lo que Su Padre estaba logrando, vemos que se ilustra en cada una de sus siete últimas palabras. Esta tercera palabra nos muestra cómo Él hizo provisión para su madre terrenal.

Una Escena que Ninguna Madre Quisiera Ver

Los enemigos de Jesús no fueron los únicos espectadores en la cruz. Mientras se corrió la voz en Jerusalén esa mañana que Cristo estaba bajo arresto y había sido condenado a muerte por el Sanedrín, algunos de sus seres queridos más cercanos llegaron a estar cerca de Él. Juan 19:25 describe la escena: *"Junto a la cruz de Jesús estaban su madre, y la hermana de su madre, María, mujer de Cleofás, y María Magdalena".*

Juan también indica en el versículo 26 que él mismo estaba presente, refiriéndose a sí mismo en la forma en que siempre lo hacía en su evangelio, como *"el discípulo a quien Jesús amaba" (Jn 21.20-24).*

El dolor de ver morir a Jesús debe de haber sido agonizante para sus seres queridos. Sin embargo, para nadie era más difícil que para María, su madre terrenal. Años antes, en su nacimiento, el profeta anciano Simeón en su bendición le había dicho a María: He aquí, este Niño ha sido puesto para la caída y el levantamiento de muchos en Israel, y para ser señal de contradicción *(y una espada traspasará tu propia alma)* para que sean revelados los pensamientos de muchos corazones *(Lc 2.34-35).*

La espada de la que Simeón habló, ahora le atravesaba el corazón, al ver a su Hijo primogénito morir.

Ella lo había criado desde la infancia. Ella sabía de Su absoluta perfección mejor que nadie. Y sin embargo, mientras observaba, multitudes de personas salieron menospreciando a su Hijo, burlándose cruelmente y abusando de Él. Su cuerpo sangrante y demacrado colgado en la cruz, sin poder hacer nada, y lo único que ella podía hacer era ver su agonía. La pena y el dolor que tal visión causaría a su madre son incomprensibles. Y sin embargo, en lugar de gritar y desplomarse en histeria, doblegarse y huir despavorida, o caer en un desmayo ante la horrible visión, ella estuvo firme. Ella es el modelo mismo de valor.

Jesús la vio de pie y angustiada allí, y su tercera palabra de la cruz refleja el tierno amor de un hijo por su madre.

Cuando Jesús vio a su madre, y al discípulo a quien él amaba, dijo a su madre: *"¡Mujer, ahí tienes a tu hijo!"*. Luego dijo al discípulo: *"¡Ahí tienes a tu madre!"*. Y desde aquella hora el discípulo la recibió en su propia casa. *(Jn 19.26-27)*

Cuando Jesús dijo: "He ahí a tu hijo", no se refería a Sí mismo. Probablemente él asintió con la cabeza a Juan. Él estaba haciendo una provisión de gracia por María en los años por venir. Él estaba delegando a Juan la responsabilidad de cuidar a María en su vejez.

Una Relación Única

Este fue un hermoso gesto, que dice mucho acerca de la naturaleza personal del amor de Jesús. Aunque Él estaba muriendo bajo la forma más cruel, y en atroz angustia, Jesús, el Rey de Amor, se volvió abnegadamente para cuidar de las necesidades terrenales de los que estaban a su lado. Aunque Él estaba ocupado con el evento más importante en la historia de la redención, recordó prever para las necesidades de una mujer, su madre.

Él se dirige a ella como "mujer." En ninguna parte de los evangelios Él la llama "madre"; sólo "mujer." La expresión no transmite falta de respeto. Pero sí subraya el hecho de que Cristo era mucho más para María que un Hijo. Él era también su Salvador (*Lc 1.47*). María no era corredentora sin pecado. Ella era tan dependiente de la gracia divina como el más humilde de los pecadores, y después que Cristo llegó a la edad adulta, su relación con Él era la misma que la de cualquier creyente obediente al Señor. Ella era una discípula; Él era el Maestro.

Cristo mismo reprendió a aquellos que querían elevar a María a un lugar de extraordinaria veneración, en una ocasión: *"Una de las mujeres en la multitud levantó la voz y le dijo: Bienaventurado el vientre que te trajo, y los pechos que te criaron"*. Pero Él dijo: *"Por el contrario, bienaventurados los que oyen la palabra de Dios y la guardan"* (*Lc 11.27-28*). María fue bendecida porque era obediente a la Palabra de Dios lo mismo que cualquier otro creyente. Su posición como madre de Cristo no llevó consigo ningún título especial como comediadora, reina del cielo, o cualquiera de las otras formas de deificación o superstición medieval que se han unido al concepto popular de María.

Seamos perfectamente claros: Es una forma de idolatría otorgar a María honor, títulos, o atributos que en efecto, le dan un estatus equivalente en la obra redentora de su Hijo o elevarla como un objeto especial de veneración.

Sin embargo, Cristo amó y honró a María *como a una madre*. Él cumplió perfectamente el quinto mandamiento ya que Él ha cumplido todos y cada uno de los mandamientos. Una parte de la responsabilidad de honrar a los padres es el deber de hacer que ellos sean cuidados en su vejez. Cristo no descuidó ese deber.

Es significativo que Jesús no confió el cuidado de María a Sus propios medios hermanos. María era evidentemente una viuda en ese momento. Nada se dice de José después de las narraciones evangélicas sobre el nacimiento y la infancia de Jesús. Al parecer, había muerto en el momento en que Jesús comenzó su ministerio público. Pero la Escritura sugiere que después del nacimiento de Jesús, María y José tuvieron una relación matrimonial normal en todo sentido *(Mt 1.25)*. A pesar de las pretensiones de algunas Iglesias que dicen ser cristianas, las Escrituras no permiten que creamos que María permaneció perpetuamente virgen. Mateo 1:25 dice claramente que José no "conoció" (tuvo relaciones matrimoniales) a María "hasta" que nació Jesús; con respecto a este pasaje los que defienden la virginidad perpetua de María, utilizan juegos de palabras del idioma griego para justificar su errónea doctrina. Por el contrario, los evangelios claramente afirman que Jesús tenía hermanos *(Mr 3.31-35; Jn 2.12; Lc 8.19-21)*. Mateo también las nombra: "Santiago, José, Simón y Judas" *(Mt 13.55)*. Ellos habrían sido de hecho medio-hermanos, como hijos naturales de María y José.

¿Por qué Jesús no nombró a uno de sus propios hermanos para cuidar de María? Porque, según Juan 7:5, "Sus hermanos no creían en Él". Se convirtieron en creyentes cuando Jesús resucitó de entre los muertos, y por lo tanto, Hechos 1:14 registra que se encontraban entre la reunión de un grupo de oración en el Aposento alto cuando el Espíritu Santo vino en Pentecostés: *"Todos ellos con una sola mente perseveraban unánimes en oración y ruego, con las mujeres, y con María la madre de Jesús,* ***y con sus hermanos****"*. Pero evidentemente no eran creyentes cuando Jesús murió. Así que mientras Él estaba muriendo en la cruz, Él encomendó a Su madre al cuidado de Su discípulo amado Juan.

4. **La Cuarta Palabra Dice: *"¡Dios mío, Dios mío!, ¿por qué me has desamparado?"*** *(Mt 27. 46 y Mr 15.34).*

La cuarta frase de Cristo de la cruz es, con mucho, la más rica de misterio y significado. Mateo escribe:

Y desde la hora sexta hubo oscuridad sobre toda la tierra hasta la hora novena. Y alrededor de la hora novena, Jesús exclamó a gran voz, diciendo: *"Eli, Eli, ¿lama sabactani? Esto es: Dios mío, Dios mío, ¿por qué me has abandonado?".*

Podría parecer a primera vista que Cristo estaba meramente recitando las palabras del Salmo 22:1 *("Dios mío, Dios mío, ¿por qué me has abandonado? ¿Por qué estás tan lejos de mi salvación y de las palabras de mi clamor?").* Pero dado el hecho de que todo el Salmo 22 es una profecía extendida sobre la crucifixión, podría ser mejor ver el salmo como una anticipación profética del clamor del corazón de Jesús cuando El llevó los pecados del mundo en la cruz. No fue una mera recitación del Salmo.

Corrompiendo la Cruz

Algunos comentaristas han hecho grandes esfuerzos para explicar por qué Jesús pronuncia tales palabras. Para ellos parece impensable que Jesús realmente se sintiera abandonado en la cruz, y aún más impensable suponer que Dios en cualquier sentido abandonó a su Hijo amado. Y de esta manera insisten en que Jesús estaba meramente recitando la Escritura, no expresando lo que realmente sentía en Su corazón.

Pero eso traiciona un serio malentendido de lo que estaba teniendo lugar en la cruz. Mientras Cristo estaba colgado allí, Él estaba llevando los pecados del mundo. Estaba muriendo como un sustituto de otros. A Él le fue imputada la culpa de vuestros pecados, y Él estaba sufriendo el castigo por esos pecados en vuestro nombre. Y la esencia misma de ese castigo era el derramamiento de la ira de Dios contra los pecadores. De una manera misteriosa durante esas horas terribles en la cruz, el Padre derramó la plena medida de Su ira contra el pecado, y el destinatario de esa ira, ¡era el propio amado Hijo de Dios!

En esto radica el verdadero significado de la cruz. Los que tratan de explicar la obra expiatoria de Cristo en cualquier otro término, inevitablemente terminan anulando la verdad de la expiación de Cristo por completo. Cristo no estaba proporcionando simplemente un ejemplo para que vosotros lo sigáis. Él no era un simple mártir -una víctima- Él no estaba simplemente haciendo una exhibición pública para que la gente vea lo terrible del pecado, o cualquiera de las demás explicaciones que los liberales religiosos han tratado de sugerir a lo largo de los años.

La Sustitución

Esto es lo que estaba sucediendo en la cruz: Dios estaba castigando a Su propio Hijo como si él hubiera cometido toda obra perversa realizada por cada pecador. Y lo hizo para que Dios pudiera perdonar y tratar a esos redimidos como si hubieran vivido una vida perfecta aplicándoles la justicia de Cristo.

La Escritura enseña explícitamente: *"Al que no conoció pecado, por nosotros le hizo pecado, para que fuéramos hechos justicia de Dios en El."* *(2 Cor 5.21).*

"Ciertamente El llevó nuestras enfermedades, y cargó con nuestros dolores; con todo nosotros le tuvimos por azotado, por herido de Dios y afligido. Más Él fue herido por nues-

tras transgresiones, molido por nuestras iniquidades. El castigo por nuestra paz cayó sobre El, y por sus heridas hemos sido sanados.... Se dispuso con los impíos su sepultura, pero con el rico fue en su muerte, aunque no había hecho violencia, ni había engaño en su boca. Pero quiso el Señor quebrantarle, sometiéndole a padecimiento. Cuando Él se entregue a sí mismo como ofrenda de expiación, verá a su descendencia, prolongará sus días, y la voluntad del SEÑOR en su mano prosperará" (Is 53.4-5; 9-10).

"Pues lo que la ley no pudo hacer, ya que era débil por causa de la carne, Dios lo hizo: enviando a su propio Hijo en semejanza de carne de pecado y como ofrenda por el pecado, condenó al pecado en la carne" (Ro 8.3). "Cristo nos redimió de la maldición de la ley, habiéndose hecho maldición por nosotros (porque escrito está: Maldito todo el que cuelga de un madero" (Gl 3.13). "Cristo murió por los pecados una vez por todas, el justo por los injustos, para llevarnos a Dios, siendo a la verdad muerto en la carne" (1 P 3.18). "Él mismo es la ***propiciación*** *por nuestros pecados" (1 Jn 2.2).*

Propiciación

Esa palabra **propiciación** habla de una ofrenda hecha para satisfacer a Dios. La muerte de Cristo fue una satisfacción rendida a Dios en nombre de aquellos que Él redimió. *"El Señor quiso quebrantarle" (Is 53.10).* Dios el Padre vio la aflicción del alma de su Hijo, y Él estaba *satisfecho (v. 11)*. Cristo hizo propiciación mediante el derramamiento de Su sangre *(Ro 3.25; Heb 2.17).*

Era la propia ira de Dios contra el pecado, la propia justicia de Dios, y el propio sentido de justicia de Dios que Cristo satisfizo en la cruz. El derramamiento de Su sangre era una ofrenda por el pecado ofrecido a Dios. Su muerte *no* era más que una satisfacción de la justicia pública. Pero cuando Cristo rescató a los elegidos del pecado *(1 Ti 2.6),* el precio del rescate fue pagado a Dios. Cristo murió en vuestro lugar, y él recibió el mismo derramamiento de la ira divina en toda su furia - que merecíais por vuestro pecado-. Era un castigo tan severo que un hombre mortal podría pasar toda la eternidad en los tormentos del infierno, y todavía no habría comenzado a agotar la ira divina que se acumuló sobre Cristo en la cruz.

Esta fue la verdadera medida de los sufrimientos de Cristo en la cruz. Los dolores físicos de la crucifixión -tan terrible como lo eran-, no fueron nada en comparación con la ira del Padre contra Él. La anticipación de esto era lo que le había causado el sudar sangre en el jardín. Esto fue por lo que Él había mirado anticipadamente a la cruz con tal horror. No podéis empezar a comprender todo lo que estuvo involucrado en el pago del precio de vuestro pecado. Es suficiente comprender que todos vuestros peores temores sobre los horrores del infierno, y más, fueron cumplidos por Él, cuando Él recibió el castigo de la maldad de todos vosotros.

En esa horrible hora sagrada, era como si el Padre lo abandonara. Y aunque sin ninguna duda, nunca hubo interrupción en el amor del Padre por Él *como Hijo* de Dios, sin embargo, se apartó de Él y lo abandonó como vuestro Sustituto. El padre no podía ni mirar al ser tan sucio y pecador en lo que se había convertido Jesús al cargar con vuestros pecados, y le dio la espalda.

El hecho de que Cristo -sufriendo de agotamiento, pérdida de sangre, asfixia, y toda la angustia física de la cruz- gritara a "gran voz": *"Por qué me has abandonado"*, demuestra que no era una simple recitación de un salmo. Este fue el clamor de su alma; que era la misma cosa que el salmo predijo.

Debéis mantener el sufrimiento de Cristo en vuestra mente siempre, y recordar que Él voluntariamente soportó los horrores físicos y espirituales de la cruz por el bien de vuestra redención.

5. La Quinta Palabra Dice: *"Tengo Sed"* *(Jn 19.28)*

Se cumple la Escritura

Desde su nacimiento, en su vida y hasta su muerte, Cristo siempre cumplió la Escritura. Nada ocurre por casualidad ni coincidencia sino por "plan divino". Las palabras de Jesús con relación a su "sed" desde la cruz fueron también cumplimiento de la profecía hecha respecto a su persona. El salmista escribiendo de forma profética en el Salmo 69, nos dice:

Salmos 69:21

"Me pusieron además hiel por comida, Y en mi sed me dieron a beber vinagre".

Tal como fue profetizado, cuando Cristo exclamó que "sentía sed" nos dice la Escritura que cerca del lugar había una vasija con vinagre o "vino agrio" en la cual uno de los soldados mojando una esponja la acercó a los labios del maestro.

Juan 19:28

Después de esto, sabiendo Jesús que ya todo estaba consumado, dijo, para que la Escritura se cumpliese: *"Tengo sed.*

Y estaba allí una vasija llena de vinagre; entonces ellos empaparon en vinagre una esponja, y poniéndola en un hisopo, se la acercaron a la boca.

Cuando Jesús hubo tomado el vinagre, dijo: Consumado es. Y habiendo inclinado la cabeza, entregó el espíritu".

El vinagre era utilizado para hacer morir a los que eran crucificados de forma más rápida a la vez que mitigaba los dolores de la crucifixión. Una vez anteriormente, al llegar al lugar de la crucifixión le dieron a beber una mezcla de vinagre con hiel pero él lo rechazó: ***"le dieron a beber vinagre mezclado con hiel; pero después de haberlo probado, no quiso beberlo"*** *(Mt 27.34)*

La segunda vez, cuando le dieron de beber vinagre al Señor, lo hicieron no de buena forma sino de mala forma *(Mt 27.48; Lc 23.36).* No fue un favor lo que le hicieron sino una burla. Aunque Cristo tomó el vinagre *(v. 30),* no podemos pensar que la sed física del Señor haya sido mitigada.

El Aspecto Espiritual

Resulta muy interesante y hasta irónico que Jesús estuviera pidiendo agua. Él era el mismo que le dijo a la mujer Samaritana *"Si conocieras el don de Dios, y quién es el que te dice: Dame de beber; tú le pedirías, y él te daría agua viva."* *(Jn 4.10);* el mismo que el último día de las fiestas de los tabernáculos *(Jn 7.37)* dijo: *"Si alguno tiene sed, venga a mí y beba".* Él es el mismo que según nos dice 1 Corintios 10:4, *"Cristo es la roca espiritual que dio agua al pueblo de Israel en el desierto"*

Pero ahora vemos que Cristo, la fuente de vida **"tiene sed".** La sed que sufrió Cristo fue para que vosotros nunca jamás tengáis sed. Y estas palabras son reales. Tal como en los días de Moisés, Cristo (la roca) puede daros agua después que ha sido "golpeada" una sola vez. -Por eso Moisés sufrió castigo por haber golpeado la roca (tipo y figura de Cristo) más de una vez-. Este error le costó a Moisés su entrada a la tierra prometida.

Cristo, la piedra angular que es fuente de agua viva, fue golpeado una vez y para siempre (en la cruz del calvario) para que vosotros podáis beber del agua que salta para vida eterna. *(Jn 4.7-14)*

La muerte de Cristo aunque similar a las de aquellos hombres que estaban crucificados junto a Él, fue al mismo tiempo muy distinta. Cuando Cristo murió lo hizo en lugar vuestro. En la cruz Él sufrió no solamente una muerte y sufrimientos físicos, sino que sufrió la paga infernal que vosotros deberíais sufrir. Cristo llevaba sobre sus lomos la condenación del pecado de su pueblo.

La Escritura nos dice ***"el castigo de nuestra paz fue sobre el"*** *(Is 53).* Cristo sufrió el castigo por vuestra salvación la cual nos trae **"paz con Dios"** *(Ro. 5:1).*

6. **La Sexta Palabra Dice: *"Todo Está Cumplido"*** *(Jn 19.30)*

Una Proclamación de Victoria

"Entonces Jesús, cuando hubo tomado el vinagre, dijo: *"¡Consumado es!" (Jn 19.30).* En el texto griego, esta sexta declaración de Jesús de la cruz es una sola *palabra: Tetelestai* Lucas 23:46 indica que el Hizo este grito a "gran voz".

Fue un grito de triunfo, lleno de rico significado. Él no quiso decir simplemente que Su vida terrenal había terminado. Quería decir que la obra que el Padre le había dado para hacer ahora estaba completa. Mientras colgaba allí, mirándolo todos como una patética víctima perdida, Él, sin embargo, celebraba el triunfo más grande en la historia del universo. La obra expiatoria de Cristo había terminado; la redención de los pecadores estaba completa; **y Él estaba triunfante**.

Cristo había cumplido en nombre de los pecadores todo lo que la ley de Dios requería de ellos. La expiación completa se había hecho. Todo lo que la ley ceremonial presagió había sido cumplido. La justicia de Dios fue satisfecha. El rescate por el pecado fue pagado en su totalidad. La paga del pecado se resolvió para siempre. Todo lo que quedaba era que Cristo muriera para que Él pudiera resucitar de nuevo.

Es por eso que nada puede ser añadido a la obra de Cristo para la salvación. Ningún ritual religioso -ni el bautismo, ni penitencia, ni ninguna otra obra humana- necesita ser añadido a Su obra eficaz. No hay obra humana suplementaria que jamás podrían aumentar o mejorar la expiación que Él compró en la cruz. No se requiere que el pecador contribuya a algo para ganar el perdón o una buena relación con Dios; el mérito de Cristo por sí solo es suficiente para vuestra plena salvación.

¡Tetelestai!, Su obra expiatoria está hecha, toda. *"Porque por gracia sois salvos por medio de la fe; y esto no de vosotros, pues es don de Dios; no como resultado de las obras, para que nadie se gloríe" (Ef 2. 8-9).*

7. La Séptima Palabra Dice: *"Padre, en tus manos encomiendo mi espíritu"* *(Lc 23.46).*

Quizás las palabras más convincentes que Cristo dijo jamás fueron algunas de Sus últimas. En voz alta, triunfante desafiando los efectos asfixiantes de ser colgado en la cruz, Cristo exclamó: ***"¡Consumado es!"*** Esa simple exclamación marcó el final de su vida, pero el comienzo de una nueva vida para todos los que confiarían en El para salvación. *"¡Consumado es!"* Fue, en esencia, el principio de mucho más.

La declaración final de Cristo en la cruz fue igualmente significativa. Era una simple oración que expresa la sumisión incondicional de lo que había estado en su corazón desde el principio. Lucas registra esas palabras finales: *"Y Jesús, clamando a gran voz, dijo:* ***Padre, en tus manos encomiendo mi espíritu****. Y habiendo dicho esto, expiró"* *(Lc 23.46).*

Cristo murió como ningún otro hombre ha muerto nunca. En un sentido fue asesinado por manos de hombres malvados *(Hch 2.23).* En otro sentido, era el Padre que lo envió a la cruz y le quebrantó allí, sujetándolo a padecimiento por cuanto agradó al Padre hacerlo *(Is 53.10).* Sin embargo, todavía en otro sentido, nadie tomó la vida de Cristo. El la entrego voluntariamente por aquellos a quien él ama, a vosotros *(Jn 10.17-18).*

Cuando finalmente expiró en la cruz, no fue con una lucha desgarradora contra sus asesinos. Él no muestra ninguna agonía frenética. Su aprobación final en la muerte, como en todos los demás aspectos del drama de la crucifixión, fue un acto deliberado de su voluntad soberana, lo que demuestra que hasta el final, estaba soberanamente en control de todo lo que estaba sucediendo. Juan dice: *"habiendo inclinado la cabeza, entregó el espíritu"* *(Jn 19.30).* En silencio, sumisamente, Él simplemente entregó Su vida.

Todo había sucedido exactamente como Él dijo que lo haría. No sólo Jesús, sino también sus asesinos, y la multitud burlona, junto con Pilato, Herodes, y el Sanedrín, todos habían cumplido perfectamente el determinado consejo y anticipado conocimiento de Dios al pie de la letra.

Y así Cristo majestuosamente y con calma, muestra Su soberanía hasta el final. Les parecerá a todos los que Él ama, que todo esto fue como una tragedia suprema. Pero fue el momento más grande de la victoria en la historia de la redención, y Cristo haría ese hecho gloriosamente claro cuando irrumpió triunfante de la tumba, apenas unos días después. *"Padre, en tus manos encomiendo mi espíritu. Y habiendo dicho esto, expiró".*

8.3 La Muerte de Jesús

Como ya dijimos antes, durante toda la eternidad El hijo (Jesús) y el Padre formaron una única unidad, Dios es uno, nunca se separaron en toda la eternidad *(Jn 10.30)*, para que Jesús pudiera morir debía separarse por primera y única vez del padre, (recuerden que muerte es separación) y para que esto fuera posible Jesús debía tomar como propios los pecados de toda la humanidad, convirtiéndose de esta manera en el ser más sucio, depravado y pecaminoso que haya existido jamás en toda la historia pasada, presente y futura *(2 Cor 5.21)* Al que no conoció pecado, por nosotros lo hizo pecado, para que nosotros fuésemos hechos justicia de Dios en él. *(1 P 3.18)* Porque también Cristo padeció una sola vez por los pecados, el justo por los injustos, para llevarnos a Dios, siendo a la verdad muerto en la carne, pero vivificado en espíritu; Jesús sabía que cuando se encontrara en la cruz cargando con los pecados de todos, se convertiría en un ser tan sucio que el Padre no podría mirarlo, dándole la espalda, desamparándolo-

Los evangelios dicen que era la hora tercera cuando le crucificaron -las 9 de la mañana- y desde la hora sexta -el mediodía- hubo tinieblas sobre toda la tierra hasta la hora novena -las tres de la tarde- (en aquella época comenzaban a contar las horas del día a partir de la salida del sol, aproximadamente a las seis de la mañana) *(Mt 27.45)*. Desde el cielo, el Padre, y toda la corte celestial entre los que estaban los 24 ancianos, los querubines, los serafines, los arcángeles, los ángeles (entre los que estaba yo), y toda la creación estábamos viendo clavado en una cruz al Santo sin pecado, y como, al que no conoció pecado, Dios lo hacía pecado por amor a vosotros *(2 Cor 5.21)*. Y Jesús se convirtió en el ser más sucio y pecaminoso que haya existido jamás en toda la historia pasada, presente y futura. La escena era tan cruenta que la Creación reaccionó enviando tinieblas a la hora de más luz del día, para apaciguar un poco tan cruel espectáculo. Allí estaba, clavado aquel que es uno con el padre desde toda la eternidad. Dios, el Padre que es todo santidad no pudo ni siquiera mirar a un ser tan vil y despreciable y le abandonó dándole la espalda, desamparándolo.

"Cerca de la hora novena (las tres de la tarde), Jesús clamó a gran voz, diciendo: Elí, Elí, ¿lama sabactani? Esto es: Dios mío, Dios mío, ¿por qué me has desamparado? Algunos de los que estaban allí decían, al oírlo: A Elías llama éste. Y al instante, corriendo uno de ellos, tomó una esponja, y la empapó de vinagre, y poniéndola en una caña, le dio a beber. Pero los otros decían: Deja, veamos si viene Elías a librarle. Más Jesús, habiendo clamado otra vez a gran voz, entregó el espíritu" (Mt 27.46-50) ¡DIOS HABIA MUERTO!

"Y he aquí, el velo del templo se rasgó en dos, de arriba abajo; y la tierra tembló, y las rocas se partieron" (Mt 27.51).

8.4 El Velo se Rasgó

Mateo dice: *"Y he aquí, el velo del templo se rasgó en dos, de arriba abajo"* *(Mt 27.51).*
Este extraordinario acontecimiento nos muestra el efecto inmediato que tuvo en la redención la muerte de Cristo. Durante siglos el templo tuvo un velo que separaba el lugar santo del lugar santísimo.

El sitio conocido como el lugar santísimo, era el lugar más oculto y más sagrado del antiguo tabernáculo de Moisés y del templo de Jerusalén. El lugar santísimo sólo contenía un incensario de oro *(Heb 9.4)* y el arca del pacto, el símbolo de la relación especial de Israel con Dios. Únicamente el sumo sacerdote israelita podía acceder al lugar santísimo. Una vez al año, en Yom Kipur, el día de la expiación, el sumo sacerdote estaba autorizado para entrar en el pequeño recinto, sin ventanas para quemar incienso y rociar la sangre de un animal sacrificado sobre el propiciatorio del arca. Al hacerlo, el sumo sacerdote expiaba sus propios pecados y los del pueblo. El lugar santísimo estaba separado del resto del tabernáculo/templo por el velo, un enorme y pesado velo de azul, púrpura, carmesí y lino torcido, y bordado con querubines de oro.

Dios dijo que Él aparecería en el lugar santísimo *(Lv 16.2)*; por lo tanto, se necesitaba el velo porque existe una barrera entre el hombre y Dios. Nadie podía tener acceso a la santidad de Dios, excepto el sumo sacerdote, y sólo una vez al año. *"Muy limpio eres de ojos para ver el mal" (Hab 1.13)*, y Dios no puede tolerar el pecado. El velo y los elaborados rituales realizados por el sacerdote, eran un recordatorio de que el hombre no podía entrar a la majestuosa presencia de Dios de manera descuidada o irreverente. Antes que el sumo sacerdote entrara en el lugar santísimo en el día de la expiación, tenía que lavarse, ponerse una ropa especial, traer incienso quemado para que el humo cubriera sus ojos y no viera directamente a Dios, y traer sangre sacrificial con él, para hacer expiación por los pecados *(Ex 28; Lv 16; Heb 9.7)*.

Cuando Jesús murió, algo increíble sucedió: *"Mas Jesús, habiendo otra vez clamado a gran voz, entregó el espíritu. Y he aquí, el velo del templo se rasgó en dos, de arriba abajo" (Mt 27.50-51a)*. El velo no fue rasgado en dos por ningún hombre. Fue un acontecimiento sobrenatural hecho por el poder de Dios para decir algo importante: a causa de la muerte de Cristo en la cruz, el hombre ya no estaba separado de Dios. El sistema del templo del antiguo testamento quedo obsoleto cuando el nuevo pacto fue ratificado. Ya no tenéis que depender de los sacerdotes para que realicen sacrificios una vez al año en vuestro favor. El cuerpo de Cristo fue "rasgado" en la cruz, así como el velo fue rasgado en el templo, y ahora tenéis acceso a Dios a través de Jesús, sin la necesidad de que interceda ningún sacerdote ni ningún otro ser creado: *"Así que, hermanos, teniendo libertad para entrar en el Lugar Santísimo por la sangre de Jesucristo, por el camino nuevo y vivo que él nos abrió a través del velo, esto es, de su carne" (Heb 10.19-20)*.

El sacrificio de Cristo una vez y para siempre, acabó con la necesidad de sacrificios anuales, que nunca podían quitar los pecados *(Heb 10.11)*. Esos sacrificios eran simplemente una tipología del sacrificio perfecto venidero, el del cordero Santo de Dios, sacrificado por los pecados del mundo *(Jn 1.29)*. El lugar santísimo, la misma presencia de Dios, ahora está disponible a todo el que viene a Cristo por la fe. Donde antes había una barrera imponente custodiada por querubines, Dios ha abierto un camino por la sangre que Su hijo derramó como sustituto.

Dice Hebreos 10:19-23

"Así que, hermanos, teniendo libertad para entrar en el Lugar Santísimo por la sangre de Jesucristo,

Por el camino nuevo y vivo que él nos abrió a través del velo, esto es, de su carne,

Y teniendo un gran sacerdote sobre la casa de Dios,

Acerquémonos con corazón sincero, en plena certidumbre de Fe, purificados los corazones de mala conciencia, y lavados los cuerpos con agua pura.

Mantengamos firme, sin fluctuar, la profesión de nuestra esperanza, porque fiel es el que prometió".

8.5 La Resurrección de Jesús

Jesús "hombre" había muerto y por lo tanto como todo mortal descendió al lugar de los muertos. Hay algunas Escrituras en las que, dependiendo cómo estén traducidas, describen a Jesús yendo al "infierno". Pero, es importante comprender primeramente lo que la Biblia enseña acerca del "lugar" de la muerte.

En las Escrituras hebreas, la palabra usada para describir el lugar de la muerte es "Seol", y simplemente significa "lugar de los muertos" o el "lugar de partida de las almas/espíritus" La palabra griega utilizada en el Nuevo Testamento para Seol es "*Hades*", que también se refiere al "lugar de los muertos". Otras Escrituras en el Nuevo Testamento indican que tanto el Seol como el Hades, son un lugar temporal, donde las almas son guardadas en espera de la resurrección y el juicio final. Apocalipsis 20:11-15 nos da una clara distinción sobre estos dos. El Infierno (el lago de fuego) es el lugar final y permanente del juicio para los perdidos. El Hades, entonces, es un lugar temporal. Mucha gente habla del Hades y el lago de fuego como si fuera el "infierno", y esto causa confusión. Jesús no fue a un lugar de tormento después de Su muerte, pero sí fue al Hades.

El Seol/Hades es un lugar con dos divisiones: un lugar de bendición y un lugar de juicio. La morada tanto *(Mt 11.23; 16.18; Lc 10.15; 16:23; Hch 2.27-31)* de los salvos como de los perdidos generalmente se llama "Hades" en la Biblia. La morada de los salvos también era llamada "Paraíso" y "El seno de Abraham" *(Lc 23.43 y Lc 16.22)*. La morada de los no salvos es llamada "infierno" o "Hades" *(Lc 16.23)*. Las moradas de los salvos y los perdidos están separadas por "una gran sima" *(Lc 16.26)*. Cuando Jesús murió, fue al lado bendito del Seol pero él nunca peco, mantenía su santidad absoluta, por lo tanto el Seol/Hades no lo pudo retener y volvió a vivir, resucitó, y desde allí se llevó a los creyentes con Él al cielo *(Ef 4.8-10)*. El lado de juicio del Seol/Hades, ha permanecido sin cambio. Todos los muertos no creyentes, van ahí para aguardar el futuro juicio final. ¿Fue Jesús al Seol/Hades? Sí, de acuerdo con Efesios 4:8-10 y 1 Pedro 3:18-20.

Parte de la confusión proviene de pasajes tales como el Salmo 16:10-11, *"Porque no dejarás mi alma en el Seol, ni permitirás que tu santo vea corrupción. Me mostrarás la senda de la vida..."*. La traducción correcta en este versículo no es "Infierno" como está en algunas traducciones. Lo correcto es "Seol" o "la tumba". Jesús le dijo al ladrón que estaba junto a Él en la cruz, "Hoy mismo estarás Conmigo en el Paraíso". Él no dijo: "Te veo en el infierno". Su cuerpo estaba en la tumba; Su alma/espíritu fue a estar con los bendecidos en el Seol/Hades. Desafortunadamente, en muchas traducciones de la Biblia, los traductores no son consistentes, o no traducen correctamente el significado de las palabras hebreas y griegas para "Seol", "Hades", e "infierno."

Algunos opinan que Jesús fue al "infierno" o sea, al lugar de sufrimiento del Seol/Hades, para ser después castigado por vuestros pecados. ¡Esta idea es completamente falsa! Fue suficiente la muerte de Jesús en la cruz y Su sufrimiento en vuestro lugar, lo que proveyó vuestra redención. Fue el derramamiento de Su sangre lo que justificó vuestra limpieza del pecado *(1 Jn 1.7-9)*. Mientras Él colgaba de esa cruz, Él puso sobre Sí mismo la carga del pecado de toda la raza humana. *"Por nosotros lo hizo pecado"*. 2 Corintios 5:21dice: *"Al que no conoció pecado, por nosotros lo hizo pecado, para que nosotros fuésemos hechos justicia de Dios en Él"*. Esta imputación del pecado nos ayuda a comprender la lucha de Cristo en el huerto de Getsemaní con la copa del pecado que sería vertida sobre Él en la cruz.

Al acercarse la muerte, Jesús dijo: *"Consumado es" (Jn 19.30)*. Su sufrimiento en nuestro lugar fue completado. Su alma/espíritu fue al Hades (el lugar de los muertos). Jesús no fue al "infierno" o al lado del sufrimiento del Hades; fue al "Seno de Abraham" o al lado bendito del Hades. El sufrimiento de Jesús terminó en el momento de Su muerte. El pago por el pecado fue hecho (Consumado es). Entonces correspondió la resurrección de Su cuerpo, la muerte y el hades no pudieron retenerlo y volvió a la vida (resucito) para completar luego su regreso a la gloria en Su ascensión.

Estas son algunas profecías referentes a la resurrección:

"Con todo eso, Jehová quiso quebrantarlo, sujetándole a padecimiento. Cuando haya puesto su vida en expiación por el pecado, ***verá linaje, vivirá por largos días****, y la voluntad de Jehová será en su mano prosperada". (Is 53.10)*

"A Jehová he puesto siempre delante de mí; Porque está a mi diestra, no seré conmovido.

Se alegró por tanto mi corazón, y se gozó mi alma; Mi carne también reposará confiadamente;

Porque no dejarás mi alma en el Seol, *Ni permitirás que tu santo vea corrupción.*

Me mostrarás la senda de la vida; En tu presencia hay plenitud de gozo; Delicias a tu diestra para siempre" (Sal. 16.8-11).

El profeta Oseas asimismo hace mención de la resurrección al tercer día, aunque su profecía se expone en plural: *"Venid y volvamos a Jehová; que él arrebató, y nos curará; hirió, y nos vendará.* ***Nos dará vida después de dos días; en el tercer día nos resucitará, y viviremos delante de él".*** *(Os 6.1-2; 1 Cor 15.4).*

Además de las profecías directas referentes a la inmortalidad del Mesías, lo testifican en realidad también aquellos pasajes del Antiguo Testamento, en los cuales al Mesías se le llama Dios. *(Sal. 2, 45, 110, Is. 9.6, Jer. 23.5, Miq. 5.2, Mal. 3.1).*

Resulta que Dios por Su naturaleza es inmortal. De la misma manera, podemos concluir acerca de la inmortalidad del Mesías cuando leemos vaticinios referentes a su eterno Reino *(Gen. 49.10, 1Sam. 7.13, Sal 2, 132.11, Ez 7.13).* Todos saben que el eterno Reino presupone la existencia del eterno Rey.

Por lo tanto resumiendo el contenido de este capítulo observamos que los profetas del Antiguo Testamento se expresaban con mucha determinación y claridad al hablar de los padecimientos redentores, la muerte y luego la gloriosa resurrección del Mesías. Él tenía presentes a los que iba a salvar. El origen de estas verdades, reveladas por los profetas, constituye posteriormente la base de la fe cristiana.

8.6 "Todo Estaba Profetizado"

Durante muchos siglos, Dios le estuvo anunciando a Israel que enviaría un Salvador, que en hebreo era llamado "El Mesías" -y en Griego "El Cristo"-. Los profetas anunciaron cotidianamente su venida y a través de más de 1500 años, escribieron gran cantidad de profecías detallando muchísimos aspectos de su nacimiento, vida y muerte.

En aquel día de la crucifixión, durante la pascua, todas las palabras de los profetas concernientes al sufrimiento y muerte del "Mesías", El Cristo, o El Ungido, fueron cumplidas con todo detalle Con la muerte de Jesús, solamente les contaré algunas de ellas:

1. La primera profecía, la más antigua de todas, había sido dada por el Señor mismo en el tiempo del primer pecado de Adán y Eva: La serpiente magullaría la simiente de la mujer, la Profecía dice: *"Y pondré enemistad entre ti y la mujer, y entre tu simiente y la simiente suya; ésta te herirá en la cabeza, y tú le herirás en el calcañar"* (el talón) *(Gn 3.15).*

Jesús dijo haciendo referencia a esta profecía: *"Ahora es el juicio de este mundo. Ahora el príncipe de este mundo será echado. Y si Yo soy levantado de la tierra, atraeré a todos*

a Mí mismo. Pero Él dijo esto para indicar de que muerte Él iba a morir." *(Jn 12.31-33).*

2. El profeta Daniel profetizo que El Mesías moriría, pero no por Él mismo: *"Y después de sesenta y dos semanas se quitará la vida al Mesías, pero no por Sí mismo..." (Dn 9.26).*

En cumplimiento de esta profecía, el sumo sacerdote Caifás profetizo:
"Entonces los principales sacerdotes y los fariseos reunieron el concilio, y dijeron: ¿Qué haremos? Porque este hombre hace muchas señales.
Si le dejamos así, todos creerán en él; y vendrán los romanos, y destruirán nuestro lugar santo y nuestra nación.
Entonces Caifás, uno de ellos, sumo sacerdote aquel año, les dijo: Vosotros no sabéis nada;
Ni pensáis que nos conviene que un hombre muera por el pueblo, y no que toda la nación perezca.
Esto no lo dijo por sí mismo, sino que como era el sumo sacerdote aquel año, profetizó que Jesús había de morir por la nación; y no solamente por la nación, sino también para congregar en uno a los hijos de Dios que estaban dispersos.
Así que, desde aquel día acordaron matarle" *(Juan 11.47-53).*

3. El rey David en el salmo 41, escribe sobre la traición de Judas: *"Aun el hombre de mi paz, en quien yo confiaba, el que de mi pan comía, alzó contra mí el calcañar* -el talón-*" (Sal 41.9).*

Marcos relata esa entrega de Jesús efectuada por Judas: *"Entonces Judas Iscariote, uno de los doce, fue a los principales sacerdotes para entregárselo. Ellos, al oírlo, se alegraron, y prometieron darle dinero. Y Judas buscaba oportunidad para entregarle".* *(Mr 14.10-11).*

4. Zacarías profetizó que Jesucristo sería abandonado por Sus discípulos: *"Levántate, oh espada, contra el pastor, y contra el hombre compañero mío, dice Jehová de los ejércitos. Hiere al pastor, y serán dispersadas las ovejas; y haré volver mi mano contra los pequeñitos"* (Zac 13.7).

Marcos relata este acontecimiento con estas palabras: *"Entonces todos los discípulos dejándole huyeron."* (Mr 14.50).

5. El precio de Su traición también fue predicho por Zacarías cuando escribe: *"Y les dije: Si os parece bien, dadme mi salario; y si no, dejadlo. Y pesaron por mi salario treinta piezas de plata"*. (Zac 11.12).

Mateo relata cómo se cumplió esta profecía: *"Y les dijo, ¿Qué están dispuestos a darme, y yo lo entregaré a ustedes? Y ellos le ofrecieron treinta piezas de plata"* (Mt 26.15).

6. Aun Zacarías también predijo lo que sería hecho con el dinero de la traición: *"Y les dije: Si os parece bien, dadme mi salario; y si no, dejadlo. Y pesaron por mi salario treinta piezas de plata. Y me dijo Jehová: Échalo al tesoro ¡hermoso precio con que me han apreciado! Y tomé las treinta piezas de plata, y las eché en la casa de Jehová al tesoro"* (Zac 11.12-13).

Mateo nos cuenta referente a este hecho: *"Entonces cuando Judas, quien Lo había traicionado, vio que Él era condenado, cambió de opinión y devolvió las treinta piezas de plata a los sacerdotes jefes y a los ancianos, diciendo, "He pecado y he traicionado sangre inocente". Pero ellos dijeron, "¿Qué nos importa a nosotros? Ve por ti mismo". Y tras arrojar las piezas de plata en el templo, él salió y se colgó. Pero los sacerdotes jefes tomaron las piezas de plata y dijeron, "No es legal ponerlas en el tesoro, dado que es el precio de sangre". Y tras tomar consejo, compraron un campo de alfarero*

con las piezas de plata, para un cementerio para extranjeros" *(Mt 27.3-7).*

7. Isaías en su capítulo 53 profetizó que Jesucristo sería sacrificado como el Cordero Pascual de Dios: *"Todos nosotros nos descarriamos como ovejas, cada cual se apartó por su camino; más Jehová cargó en él el pecado de todos nosotros. Angustiado él, y afligido, no abrió su boca; como cordero fue llevado al matadero; y como oveja delante de sus trasquiladores, enmudeció, y no abrió su boca". (Is 53.7).*

San Pablo nos dice al respecto: *"Porque Cristo nuestra Pascua fue sacrificado por nosotros." (I Corintios 5:7). "Sabiendo que no fueron redimidos por cosas corruptibles… sino por la preciosa sangre de Cristo, como de un cordero sin defecto y sin mancha; Quien verdaderamente fue conocido de antemano antes de la fundación del mundo, pero que fue manifestado en estos últimos tiempos por amor a ustedes"* *(1 P 1.18-20).*

8. Isaías también profetizó la flagelación y burla que Él sufriría, diciendo: *"Di mi cuerpo a los heridores, y mis mejillas a los que me mesaban la barba; no escondí mi rostro de injurias y de esputos" (Is 50.6).*

En cumplimiento de esto, Mateo nos relata: *"Entonces les soltó a Barrabás; y habiendo azotado a Jesús, le entregó para ser crucificado. Entonces los soldados del gobernador llevaron a Jesús al pretorio, y reunieron alrededor de él a toda la compañía; y desnudándole, le echaron encima un manto de escarlata, y pusieron sobre su cabeza una corona tejida de espinas, y una caña en su mano derecha; e hincando la rodilla delante de él, le escarnecían, diciendo: !Salve, Rey de los judíos! Y escupiéndole, tomaban la caña y le golpeaban en la cabeza. Después de haberle escarnecido, le qui-*

taron el manto, le pusieron sus vestidos, y le llevaron para crucificarle *(Mt 27.26-30).*

9. También Isaías y David profetizaron que el cuerpo de Jesús sería torturado: *"Muchos estaban asombrados de Él - porque Su cuerpo estaba tan desfigurado- incluso Su forma más allá que de la de los hijos de hombres" (Is 52.14). "Puedo contar todos Mis huesos; ellos miran y se recrean Conmigo" (Sal 22.17).*

Juan Dice: *"...pero tras flagelar a Jesús, él Lo entregó para que Él pudiera ser crucificado."* *(Mt 27.26).* ***"Entonces Pilato por tanto tomó a Jesús y Lo flageló"*** *(Jn 19.1).*

10. David profetizó la vergüenza y deshonra que Jesús sufriría, siendo condenado como un criminal: *"...los reproches de aquellos que Te reprocharon han caído sobre Mí. ... Tú has conocido mi reproche, y mi vergüenza, y mi deshonra; mis enemigos están todos ante Ti. El escarnio ha roto mi corazón, y estoy lleno de pesadez; y busqué simpatía, pero no hubo nada; y por consoladores, pero no encontré ninguno" (Sal 69.9, 19-20).*

Mateo dice: *"En ese punto Jesús dijo a la multitud, "¿Han salido para tomarme con espadas y palos, como contra un ladrón?..."* *(Mt 26.55)* ***"...Ellos respondieron y dijeron, "¡Él es digno de muerte!"*** *(Mt 26.66).*

11. David también predijo que falsos testigos testificarían contra Cristo, cuando dice: *"Testigos crueles se levantaron; me preguntaron cosas de las que no sabía nada" (Sal 35.11).*

Marcos Relata: *"Y los sacerdotes jefes y el Sanedrín completo estaban intentando encontrar testimonio contra Jesús, para condenarlo a muerte; pero no encontraron nin-*

guno. Porque muchos llevaban falso testimonio contra Él, pero sus testimonios no acordaban. Y algunos se levantaron y llevaron falso testimonio contra Él, diciendo,.." *(Mr 14.55-57).*

12. Isaías profetizó que Jesús no haría ningún esfuerzo para defenderse en el juicio: *"Fue oprimido, y afligido; aun así no abrió Su boca. Es traído como un cordero al matadero; y como una oveja delante de su esquilador esta mudo, así Él no abrió Su boca" (Is 53.7).*

Esta fue la reacción de Jesús: *"Entonces Pilato Le dijo, "¿No escuchas cuantas cosas testifican contra Ti?" Y Él no le respondió siquiera una palabra, así que el gobernador estuvo grandemente sorprendido"* *(Mt 27.13-14).*

13. Isaías predijo también la crucifixión de Jesucristo como la ofrenda por el pecado del mundo: "*Sin duda ha soportado nuestras enfermedades, y llevado nuestros dolores; aun así lo consideramos aquejado, golpeado de Dios y afligido. Pero Él fue herido por nuestras transgresiones; molido por nuestros pecados; el castigo de nuestra paz fue sobre Él; y con sus latigazos nosotros mismos somos sanos. Todos nosotros como ovejas nos hemos extraviado; hemos vuelto cada uno a su propio camino; y el SEÑOR ha colocado sobre Él la iniquidad de todos nosotros.... Aun así el SEÑOR quiso quebrantarlo y Lo ha puesto en aflicción: Tú harás que su vida sea una ofrenda por el pecado. Él verá Su semilla; prolongará Sus días, y que el propósito del SEÑOR pueda prosperar en Su mano. Verá el tormento de Su alma. Estará completamente satisfecho. Por Su conocimiento Mi Siervo justo justificará a muchos; y llevará sus iniquidades" (Is 53.4-6, 10-11).*

Juan dice: *"Por tanto, él entonces Lo entregó a ellos para que Él pudiera ser crucificado. Y ellos tomaron a Jesús y Lo llevaron fuera. Y Él salió cargando Su propia cruz al*

lugar llamado Lugar de una Calavera, el cual en hebreo es llamado Gólgota. Allí lo crucificaron, y con Él otros dos, uno a cada lado, y Jesús en medio. Y Pilato también escribió un título y lo puso sobre la cruz; y fue escrito, "Jesús el Nazareno, Rey de los judíos" *(Jn 19.16-19).*

14. Como Isaías había profetizado, *"Él fue contado entre los transgresores" (Is 53.12).*

"Y otros dos que eran malhechores fueron también llevados afuera con Él para ser condenados a muerte. Y cuando llegaron al lugar llamado Lugar de una Calavera, allí Lo crucificaron y a los malhechores, uno a la derecha y uno a la izquierda." *(Lc 23.32-33).*

15. David profetizó que Sus manos y Sus pies serían atravesadas: *"Perros Me han rodeado; una banda de malhechores Me ha rodeado; han traspasado Mis manos y Mis pies..." (Sal 22.16).*

"...Lo crucificaron." *(Mr 15.25).* ***"Entonces los otros discípulos le dijeron, "Hemos visto al Señor." Pero él les dijo, "Si no viere en sus manos la señal de los clavos, y metiere mi dedo en el lugar de los clavos, y metiere mi mano en su costado, no creeré." Entonces ocho días después, Sus discípulos estaban de nuevo dentro, y Tomás con ellos. Jesús vino después que las puertas estaban cerradas, y se paró en el medio y dijo, "Paz sea a ustedes." Luego le dijo a Tomás, "Extiende tu dedo, y mira Mis manos; y alarga tu mano, y ponla en Mi costado; y no seas incrédulo, sino creyente"*** *(Jn 20.25-27).*

16. La repartición de Sus vestidos fue también profetizada por David: *"Dividen Mis vestidos entre ellos y echan suertes sobre Mi vestidura." (Sal 22.18).*

Los soldados romanos lo hicieron: *"Por esta razón, dijeron uno al otro, "No la rasguemos, sino echemos suertes por ella para determinar de quién será"; para que la escritura pudiera ser cumplida la cual dice, "Dividieron Mis vestidos entre ellos, y echaron suertes por Mi vestidura." Los soldados por tanto hicieron estas cosas"* *(Jn 19.24).*

17. En otro salmo, David profetizó que a Él le darían vinagre para beber, diciendo: *"Ellos también Me dieron bilis por Mi comida; y en Mi sed Me dieron vinagre a beber" (Sal 69.21).*

Mateo nos relata el cumplimiento de esta profecía: *"Le dieron vinagre mezclado con hiel para beber; pero tras probarlo, Él no lo bebió"* *(Mt 27.34).*

18. David también profetizó que muchos estarían viendo a Jesús durante la crucifixión; dice: Contar puedo todos mis huesos. Entre tanto, ellos me miran y me observan. *(Sal 22.17).*

Lucas nos dice: "Y toda la multitud de los que estaban presentes en este espectáculo, viendo lo que había acontecido, se volvían golpeándose el pecho" *(Lc 23.48).*

19. Entre los que estaban mirando, estarían la familia y los amigos de Jesús, quienes se pararían a la distancia. La Profecía dice: *"Mis amados y mis amigos se mantienen apartados de mi plaga; y mis vecinos se paran lejos" (Sal 38.11).*

También Lucas nos dice esto: *"Pero todos sus conocidos, y las mujeres que le habían seguido desde Galilea, estaban lejos mirando estas cosas"* *(Lc 23.49).*

20. Algunos de Sus observadores sacudirían sus cabezas en Él. David lo anuncia en el salmo 109: *"Y también llegué a* *ser un reproche para ellos cuando Me miraban; ellos sacudieron sus cabezas." (Sal 109.25).*

Mateo nos relata el cumplimiento de esto: *"Luego aquellos que estaban pasando cerca Lo criticaban, sacudiendo sus cabezas, y diciendo, "Tú Quien destruirías el templo y lo reconstruirías en tres días, sálvate a Ti mismo, si Eres el Hijo de Dios, baja de la cruz"* *(Mt 27.39-40).*

21. Aun las palabras de Sus reprochadores fueron profetizadas por David. Profetizando: *"¡Él confió en el Señor, líbrelo Él; rescátelo Él, ya que se deleita en Él!" (Sal 22.8).*

También Mateo nos relata su cumplimiento: *"Él confiaba en Dios; que Lo libre Él ahora, si Él Lo quiere. Porque Él dijo, "Yo soy el Hijo de Dios" Y los dos ladrones quienes estaban crucificados con Él también Lo reprocharon con las mismas palabras"* *(Mt 27.43-44).*

22. Isaías profetizó que Jesús haría intercesión por los pecadores. Esta intercesión comenzó incluso durante Su crucifixión. Isaías dice: *"...llevó el pecado de muchos, e hizo intercesión por los transgresores" (Isaías 53.12).*

Lucas dice: *"Entonces Jesús dijo, "Padre, perdónalos, porque no saben lo que están haciendo. Y mientras dividían Sus vestidos, echaron suertes"* *(Lc 23.34).*

23. David profetizó los pensamientos de Jesús en lo más duro de Su sufrimiento, cuando dice: *"Dios mío, Dios mío, ¿porque me has abandonado, y porque estas tan lejos de ayudarme, y de las palabras de mi gemido?" (Sal 22.1)*

Su Cumplimiento: *"Y cerca de la hora novena, Jesús gritó con una fuerte voz, diciendo, "Eli, Eli, ¿lama sabacta-*

ni?" Esto es, "Mi Dios, Mi Dios, ¿por qué Me has desamparado?" *(Mt 27.46)*.

24. Zacarías profetizó que Su cuerpo sería traspasado por una lanza: *"Y ellos Me mirarán a Quien han atravesado..." (Zac 12.10)*.

Juan relata este hecho: *"Pero uno de los soldados había atravesado Su costado con una lanza, e inmediatamente había salido sangre y agua,* (esto es una prueba irrefutable de que estaba muerto, si se hace una incisión en un muerto sale sangre y suero -agua-), *y de nuevo otra escritura dice, "Ellos mirarán a Quien atravesaron"* *(Jn 19.34, 37)*.

25. David profetizó que Jesús encomendaría Su espíritu a Dios en el salmo 31: *"En Tu mano encomiendo Mi espíritu..." (Sal 31.5)*.

Su Cumplimiento literal: *"Y tras gritar con fuerte voz, Jesús dijo, "Padre, en Tus manos encomiendo Mi espíritu." Y cuando Él había dicho estas cosas, expiró"* *(Lc 23.46)*.

26. David profetizó también las últimas palabras de Jesús, cuando dijo: *"...Él ha hecho esto." (Sal 22.31)*. -El hebreo dice literalmente, "Porque está terminado"- .

"Y así, cuando Jesús había recibido el vinagre, dijo, "Consumado es. Y habiendo inclinando Su cabeza, entregó Su espíritu" *(Jn 19.30)*.

27. Como ningún hueso del cordero pascual debía ser roto *(Ex 12.46)*, El salmista profetiza: *"Él guarda todos Sus huesos; ni uno de ellos es roto" (Sal 34.20)*.

Esto también tuvo su cumplimiento: *"Entonces los soldados vinieron y rompieron las piernas del primero, y las*

piernas del otro que fue crucificado con Él. Pero cuando vinieron a Jesús y vieron que Él ya estaba muerto, no rompieron Sus piernas...Porque estas cosas tuvieron lugar para que la escritura pudiera ser cumplida, "Ni un hueso de Él será roto" *(Jn 19.32-33, 36).*

28. Su sepultura en la tumba de un hombre rico fue predicha por Isaías: *"Por cárcel y por juicio fue quitado; y su generación, ¿quién la contará? Porque fue cortado de la tierra de los vivientes, y por la rebelión de mi pueblo fue herido. Y se dispuso con los impíos su sepultura, más con los ricos fue en su muerte; aunque nunca hizo maldad, ni hubo engaño en su boca" (Is 53.8-9).*

Su Cumplimiento: *"Y cuando la noche estaba llegando, un hombre rico de Arimatea vino, llamado José, quien era él mismo un discípulo de Jesús. Después de ir a Pilato, le rogó tener el cuerpo de Jesús. -De otro modo Jesús habría sido enterrado entre los criminales- Entonces Pilato ordenó que el cuerpo fuera entregado a él. Y después de tomar el cuerpo, José lo envolvió en tela de lino limpio, y lo colocó en su tumba nueva, la cual había cortado en la roca; y después de rodar una gran piedra a la puerta de la tumba, se fue"* *(Mt 27.57-60).*

Todas estas profecías fueron cumplidas con el sufrimiento, muerte y sepultura de Jesucristo en el día de la Pascua, el 14 del mes de Nisán, que corresponde a los primeros días del mes de Abril del año 30 DC (Fecha aproximada); y aunque estos sucesos tuvieron lugar en esta fecha de vuestro calendario Gregoriano, sin embargo todo esto fue anunciado por profetas inspirados por Dios, con muchos años de anticipación: Moisés lo escribió en 1440 Antes de Cristo (AC); David en 1000 AC; Isaías en 700 AC; Daniel en 600 AC y Zacarías en 500 AC.

(NOTA: Todas estas fechas han sido redondeadas y por lo tanto son aproximadas).

Dice 2 Pedro 1: 19-21

"Tenemos también la palabra profética más segura, a la cual hacéis bien en estar atentos como a una antorcha que alumbra en lugar oscuro, hasta que el día esclarezca y el lucero de la mañana salga en vuestros corazones;

Entendiendo primero esto, que ninguna profecía de la Escritura es de interpretación privada,

Porque nunca la profecía fue traída por voluntad humana, sino que los santos hombres de Dios hablaron siendo inspirados por el Espíritu Santo".

Capítulo 9

RESTAURACIÓN COMPLETA EN EL TERCER CIELO

9.1 Jesús Llega Al Tercer Cielo
9.2 Jesús Derrama Su Sangre En El Propiciatorio Celestial
9.3 Jesús Como Redentor – Sustituto

Dice Hebreos 9: 22-26

"Y casi todo es purificado, según la ley, con sangre; y sin derramamiento de sangre no se hace remisión.

Fue, pues, necesario que las figuras de las cosas celestiales fuesen purificadas así; pero las cosas celestiales mismas, con mejores sacrificios que estos.

Porque no entró Cristo en el santuario hecho de mano, figura del verdadero, sino en el cielo mismo para presentarse ahora por nosotros ante Dios;

Y no para ofrecerse muchas veces, como entra el sumo sacerdote en el Lugar Santísimo cada año con sangre ajena.

De otra manera le hubiera sido necesario padecer muchas veces desde el principio del mundo; pero ahora, en la consumación de los siglos, ***se presentó una vez para siempre por el sacrificio de sí mismo para quitar de en medio el pecado".***

9.1 Jesús Llega Al Tercer Cielo

Juan relata los sucesos del domingo de resurrección de esta manera: *"El primer día de la semana (Domingo), María Magdalena fue de mañana, siendo aún oscuro, al sepulcro; y vio quitada la piedra del sepulcro. Entonces corrió, y fue a Simón Pedro y al otro discípulo, aquel al que amaba Jesús, y les dijo: Se han llevado del sepulcro al Señor, y no sabemos dónde le han puesto. Y salieron Pedro y el otro discípulo, y fueron al sepulcro. Corrían los dos juntos; pero el otro discípulo corrió más aprisa que Pedro, y llegó primero al sepulcro.*

Y bajándose a mirar, vio los lienzos puestos allí, pero no entró.

Luego llegó Simón Pedro tras él, y entró en el sepulcro, y vio los lienzos puestos allí, y el sudario, que había estado sobre la cabeza de Jesús, no puesto con los lienzos, sino enrollado en un lugar aparte. Entonces entró también el otro discípulo, que había venido primero al sepulcro; y vio, y creyó. Porque aún no habían entendido la Escritura, que era necesario que él resucitase de los muertos.

Y volvieron los discípulos a los suyos.

Pero María estaba fuera llorando junto al sepulcro; y mientras lloraba, se inclinó para mirar dentro del sepulcro; y vio a dos ángeles con vestiduras blancas, que estaban sentados el uno a la cabecera, y el otro a los pies, donde el cuerpo de Jesús había sido puesto. Y le dijeron: Mujer, ¿por qué lloras? Les dijo: Porque se han llevado a mi Señor, y no sé dónde le han puesto.

Cuando había dicho esto, se volvió, y vio a Jesús que estaba allí; mas no sabía que era Jesús.
Jesús le dijo: Mujer, ¿por qué lloras? ¿A quién buscas? Ella, pensando que era el hortelano, le dijo: Señor, si tú lo has llevado, dime dónde lo has puesto, y yo lo llevaré.
Jesús le dijo: ¡María! Volviéndose ella, le dijo ¡Raboni! (que quiere decir, Maestro).

Jesús le dijo: No me toques, porque aún no he subido a mi Padre; más ve a mis hermanos, y diles: Subo a mi Padre y a vuestro Padre, a mi Dios y a vuestro Dios.
Fue entonces María Magdalena para dar a los discípulos las nuevas de que había visto al Señor, y que él le había dicho estas cosas. (Jn 20.1-18).

Notad que Jesús le dice a María que no lo toque porque aún no había subido al Padre. Y le pide que les cuente a los discípulos que sube al padre. Más tarde aparece a sus discípulos y les dice que lo palpen y aun come con ellos *(Lc 24.39-43)* **lo cual significa que ya había subido al Padre llegando al tercer cielo. A continuación os contare que sucedió en el tercer cielo.**

9.2 Jesús Derrama Su Sangre En El Propiciatorio Celestial

En el tercer cielo estábamos todos expectantes anhelando la llegada del Salvador. Aquello era un acontecimiento tan único y extraordinario que cambiaría definitivamente el curso de la eternidad. Llegó acompañado de una nube de ángeles como cortejo, y en medio de ellos un maravilloso coro de serafines entonando alabanzas y glorias al Señor; se acercó al trono del Padre y se detuvo frente al Propiciatorio Celestial, de pronto se produjo en el cielo un silencio absoluto.

Al verlo llegar los dos querubines testigos, que estaban permanentemente sobre el propiciatorio mirando hacia dentro del arca (viendo el origen del pecado, los pecados de todos y todos los pecados de toda la humanidad), se apartaron dejando lugar para que Cristo ocupara ese sitio, sobre el propiciatorio.

"Porque no entró Cristo en el santuario hecho de mano, figura del verdadero, sino en el cielo mismo para presentarse ahora por nosotros ante Dios; y no para ofrecerse muchas veces, como entra el sumo sacerdote en el Lugar Santísimo cada año con sangre ajena. De otra manera le hubiera sido necesario padecer muchas veces desde el principio del mundo;

pero ahora, en la consumación de los siglos, se presentó una vez para siempre por el sacrificio de sí mismo para quitar de en medio el pecado. Y de la manera que está establecido para los hombres que mueran una sola vez, y después de esto el juicio, así también Cristo fue ofrecido una sola vez para llevar los pecados de muchos; y aparecerá por segunda vez, sin relación con el pecado, para salvar a los que le esperan" (Heb 9.24-28).

Jesús subió al propiciatorio celestial como un cordero inmolado entregado en sacrificio, se quedó de pie con los brazos extendidos, y de pronto, vi como de las heridas que tenía en todo su cuerpo, las que la corona de espinas había hecho en su cabeza, las que los latigazos hicieron en su espalda y demás lugares de su cuerpo, la que la lanza hizo en su costado y las que los clavos hicieron en las manos y los pies, comenzó a brotar sangre a raudales, y más, y más, y no paró hasta que se hubo derramado hasta la última gota de su sangre sobre el propiciatorio. Entonces nuevamente dijo *"Consumado es"* (todo está cumplido) y su rostro se iluminó con la gloria del Padre, y saliendo El del propiciatorio, subieron los dos querubines testigos y ocuparon nuevamente su lugar, y el primer querubín, el que guardaba la santidad de Dios, miro hacia el arca y al ver la sangre de Cristo derramada sobre el propiciatorio, dijo: **"La santidad de Dios no ha sido ofendida porque la sangre derramada en sacrificio no deja ver ningún pecado"**; y el segundo querubín, el que guardaba y demandaba la justicia de Dios -la muerte del culpable- miro y dijo: **"La justicia de Dios ha sido satisfecha porque veo la sangre del sustituto que ha muerto en sacrificio por todos los culpables",** porque la paga del pecado es la muerte. Y ambos dijeron **"Consumado es"**, y la sangre permanecerá eternamente sobre el propiciatorio haciendo efectivo para siempre el perdón de los pecados de todos los que crean en el sacrificio de Cristo y que como prueba de esa verdadera fe, vivan obedeciéndole según sus mandamientos.

Es imposible comprar la salvación de vuestra alma. Dios nos dice: *"Fuisteis rescatados... no con... oro o plata, sino con la sangre preciosa de Cristo"* (*1 Pedro 1.18-19*).

Este relato parece algo muy simple, pero es incomprensible la profundidad espiritual y la importancia de estos acontecimientos que produjeron un cambio tan significativo que alterarían todos los sucesos futuros, también conducirían a una nueva relación entre Dios y vosotros. Todo esto fue posible gracias al amor de Cristo por su creación más apreciada, vosotros.

Dice Gálatas 1: 3-5

"Gracia y paz sean a vosotros, de Dios el Padre y de nuestro Señor Jesucristo,

El cual se dio a sí mismo por nuestros pecados para librarnos del presente siglo malo, conforme a la voluntad de nuestro Dios y Padre,

A quien sea la gloria por los siglos de los siglos. Amén".

9.3 Jesús Como Redentor Sustituto

La epístola a los hebreos os enseña estas cosas diciendo: *"Por tanto, teniendo un gran sumo sacerdote que traspasó los cielos, Jesús el Hijo de Dios, retengamos nuestra profesión".*

Porque no tenemos un sumo sacerdote que no pueda compadecerse de nuestras debilidades, sino uno que fue tentado en todo según nuestra semejanza, pero sin pecado.

Acerquémonos, pues, confiadamente al trono de la gracia, para alcanzar misericordia y hallar gracia para el oportuno socorro.

Porque todo sumo sacerdote tomado de entre los hombres es constituido a favor de los hombres en lo que a Dios se refiere, para que presente ofrendas y sacrificios por los pecados; para que se muestre paciente con los ignorantes y extraviados, puesto que él también está rodeado de debilidad; y por causa de ella debe ofrecer por los pecados, tanto por sí mismo como también por el pueblo. Y nadie toma para sí esta honra, sino el que es llamado por Dios, como lo fue Aarón.

Así tampoco Cristo se glorificó a sí mismo haciéndose sumo sacerdote, sino el que le dijo: Tú eres mi Hijo, Yo te he engendrado hoy.

Como también dice en otro lugar: Tú eres sacerdote para siempre, Según el orden de Melquisedec.

Y Cristo, en los días de su carne, ofreciendo ruegos y súplicas con gran clamor y lágrimas al que le podía librar de la muerte, fue oído a causa de su temor reverente. Y aunque era Hijo, por lo que padeció aprendió la obediencia; y habiendo sido perfeccionado, vino a ser autor de eterna salvación para todos los que le obedecen; y fue declarado por Dios sumo sacerdote según el orden de Melquisedec" (Heb 4.14-16, 5.1-10)

Si Dios condenara a todos, cumpliría con su justicia, porque la paga del pecado es la muerte, y porque como todos pecaron están destituidos de la gloria de Dios, pero gracias a la misericordia del Señor, él no quiere que ninguno se pierda, sino que todos vengan a salvación.

Ahora que la redención había sido consumada, el Señor dedicaría todavía unos días más en la tierra para confirmar a los discípulos y enseñarles a organizar su iglesia; el como **cabeza** de la iglesia continua guiándola desde su trono y su **cuerpo**, que es la iglesia, continua agregando "miembros" hasta que se cumpla el número de los escogidos

Capítulo 10

LA ACTUALIDAD

10.1 Jesús regresa a la Tierra por un breve tiempo
10.2 Jesús Asciende y se Sienta en el Trono Celestial
10.3 La Venida Del Espíritu Santo
10.4 La Iglesia
10.5 Breve Historia de La Iglesia

Dice En Juan 20:17

"Jesús le dijo (a María Magdalena): No me toques, porque aún no he subido a mi Padre; Más ve a mis hermanos, y diles: Subo a mi Padre y a vuestro Padre, a mi Dios y a vuestro Dios".

10.1 Jesús Regresa a la Tierra Por un Breve Tiempo

A pesar de todas las enseñanzas del Señor, los discípulos no entenderían hasta después de mucho tiempo, la revelación plena del evangelio, ya que estaban condicionados por muchos años de tradiciones y costumbres que les cegaban y no le permitían ver ni entender en toda su magnitud (como tampoco lo pudieron entender los sacerdotes de Israel), la gracia de Dios revelada en su evangelio. Por lo tanto en el inicio y desarrollo de la iglesia vemos como el evangelio es revelado en forma progresiva para que los discípulos pudieran asimilarlo y aprendieran a oír la voz del Espíritu Santo, y a ser guiados por El.

Jesús descendió y volvió a aparecer a sus discípulos que estaban asustados e incrédulos, por todo lo que había sucedido en Jerusalén. Estuvo 40 días con ellos enseñándoles la forma de predicar y establecer su iglesia. Estas son las apariciones de Jesús durante los 40 días que estuvo en la tierra, antes de su ascensión definitiva a los cielos. Había aparecido resucitado primeramente a María Magdalena, antes de ascender al propiciatorio celestial.

1. * El domingo muy temprano, siendo aún oscuro, varias mujeres van al sepulcro y ven quitada la piedra que tapaba la entrada *(Jn 20.1)*.

2. * María Magdalena va corriendo y le avisa a Pedro y a Juan que "se han llevado al Señor" *(Jn 20.2)*.

3. * Pedro y Juan van al sepulcro y Juan corriendo llega primero y desde la entrada ve los lienzos *(Jn 20.4, 5)*.

4. * Pedro llega y entra al sepulcro donde ve solo los lienzos y el sudario *(Jn 20.6. 7)*.

5. * Entonces entra Juan y vio y creyó *(Jn 20.8, 9)*.

6. * Pedro y Juan vuelven a los suyos *(Jn 20.10)*.

7. * María Magdalena queda llorando junto al sepulcro y mirando dentro del sepulcro, ve dos ángeles sentados quienes les dicen: *"Mujer ¿por qué lloras? María les responde: Porque se han llevado a mi Señor, y no sé dónde le han puesto" (Jn 20.11-13)*.

8. * Cuando había dicho esto vio Jesús pero no lo reconoció, pensó que era el cuidador del huerto. Jesús le dijo: *"Mujer ¿por qué lloras? ¿A quién buscas? Ella le respondió si tú lo has llevado, dime donde lo has puesto y yo lo llevare" (Jn 20.14, 15)*.

9. * *"Jesús le dijo ¡María!, y ella reconociéndolo le dijo ¡Maestro! Jesús le dijo:* ***No me toques, porque aún no he subido a mi Padre****; más ve a mis hermanos, y diles: Subo a mi Padre y a vuestro Padre, a mi Dios y a vuestro Dios" (Jn 20.17, 18)*.

10. * Fue entonces María Magdalena para dar a los discípulos las nuevas de que había visto al Señor, y que él le había dicho estas cosas *(Jn 20.18); (Mr 16.9-11)*

11. * En otro momento que no se menciona explícitamente, el Señor se le apareció a Pedro *(Lc 24.34; 1 Co 15.5)*

12. * Al atardecer del domingo se apareció Cleofás y su compañero en el camino a Emaús *(Lc 24.13-32); (Mr 16.12)*.

13. * Cleofás y su compañero regresan a Jerusalén y buscaron a los discípulos para contarles que habían visto al Señor y que le reconocieron al partir el pan, allí se enteran que también se le había aparecido a Simón -Pedro- *(Lc 24. 33-35)*.

14. * Mientras que ellos hablaban se presentó el Señor en medio de ellos y les dijo: *"Paz a vosotros". Y como ellos creían que veían un espíritu, les mostró las manos y los pies y les dijo: palpad y ved; porque un espíritu no tiene carne ni huesos, como veis que yo tengo. Y comió con ellos pescado y miel, y les abrió el entendimiento para que comprendiesen las Escrituras sobre lo que dicen de todo lo acontecido, y les prometió que "serian investidos de poder desde lo alto"* *(Lc 24.36-49)*. Ese día Tomas no estaba con ellos *(Jn 20. 24)*.

15. * Cuando los discípulos vieron, a Tomás le dijeron: *"Al Señor hemos visto. Él les dijo: Si no viere en sus manos la señal de los clavos, y metiere mi dedo en el lugar de los clavos, y metiere mi mano en su costado, no creeré"*. Ocho días después -Jesús- apareció nuevamente a los discípulos, y ese día Tomás estaba con ellos, y dijo a

Tomás: *"Pon aquí tu dedo, y mira mis manos; y acerca tu mano, y métela en mi costado; y no seas incrédulo, sino creyente. Entonces Tomás respondió y le dijo: ¡Señor mío, y Dios mío! Jesús le dijo: Porque me has visto, Tomás, creíste; bienaventurados los que no vieron, y creyeron"* (Jn 20.25-29).

16. * Jesús se aparece por tercera vez a siete de sus discípulos que estaban pescando junto al mar de Galilea; y se manifestó de esta manera: *"Estaban juntos Simón Pedro, Tomás llamado el Dídimo, Natanael el de Caná de Galilea, los hijos de Zebedeo, y otros dos de sus discípulos. Simón Pedro les dijo: Voy a pescar. Ellos le dijeron: Vamos nosotros también contigo. Fueron, y entraron en una barca; y aquella noche no pescaron nada. Cuando ya iba amaneciendo, se presentó Jesús en la playa; más los discípulos no sabían que era Jesús.*
Y les dijo: Hijitos, ¿tenéis algo de comer? Le respondieron: No. Él les dijo: Echad la red a la derecha de la barca, y hallaréis. Entonces la echaron, y ya no la podían sacar, por la gran cantidad de peces. Entonces aquel discípulo a quien Jesús amaba –Juan- dijo a Pedro: ¡Es el Señor! Simón Pedro, cuando oyó que era el Señor, se ciñó la ropa (porque se había despojado de ella), y se echó al mar.
Y los otros discípulos vinieron con la barca, arrastrando la red de peces, pues no distaban de tierra sino como doscientos codos.
Al descender a tierra, vieron brasas puestas, y un pez encima de ellas, y pan.
Jesús les dijo: Traed de los peces que acabáis de pescar. Subió Simón Pedro, y sacó la red a tierra, llena de grandes peces, ciento cincuenta y tres; y aun siendo tantos, la red no se rompió. Les dijo Jesús: Venid, comed. Y nin-

guno de los discípulos se atrevía a preguntarle: ¿Tú, quién eres? sabiendo que era el Señor. Vino, pues, Jesús, y tomó el pan y les dio, y asimismo del pescado.
Esta era ya la tercera vez que Jesús se manifestaba a sus discípulos, después de haber resucitado de los muertos" (Jn 21.1-14).

17. * Luego Jesús se apareció a más de 500 hermanos a la vez *(1Co 15.6)* -Es llamativo que San Pablo escribe esto aproximadamente en el año 56 DC, o sea unos 26 años después de la resurrección de Cristo, y dice que aún estaban vivos muchos de estos 500 hermanos-.

18. * Jesús se aparece a Jacobo -Santiago- en un momento y lugar no especificado *(1 Co 15.7).*

19. * A todos los apóstoles en su ascensión en el Monte de los Olivos *(1 Co 15.7; Mt 28.16; Mr 16.14 y Lc 24.50).*

20. * A San Pablo en el camino a Damasco *(Hch 9.1-9; 1 Co 15.8).*

Los evangelistas no nos dan detalles de todo lo que hablaron con el Señor, pero es indudable que se tomó todos esos días para enseñarles y darles instrucciones sobre la inmensa tarea que tenían por delante, la predicación del evangelio y la formación y consolidación de la iglesia.

El día que Jesús ascendió al cielo, lo hizo en presencia de los discípulos:

"Pero los once discípulos se fueron a Galilea, al monte donde Jesús les había ordenado.
Y cuando le vieron, le adoraron; pero algunos dudaban.
Y Jesús se acercó y les habló diciendo: "Toda potestad

me es dada en el cielo y en la tierra. Por tanto, id, y haced discípulos a todas las naciones, bautizándolos en el nombre del Padre, y del Hijo, y del Espíritu Santo; enseñándoles que guarden todas las cosas que os he mandado; y he aquí yo estoy con vosotros todos los días, hasta el fin del mundo. Amén" (Mt 28.16-20).

En este pasaje vemos claramente que Jesús les comisiona para una gran tarea, para ello los estuvo preparando durante los tres años de su ministerio, y ahora durante unos cuarenta días después de haber resucitado.

Lucas lo explica de la siguiente manera en Hechos 1: 1-11:

"En el primer tratado, oh Teófilo, hablé acerca de todas las cosas que Jesús comenzó a hacer y a enseñar, hasta el día en que fue recibido arriba, después de haber dado mandamientos por el Espíritu Santo a los apóstoles que había escogido; a quienes también, después de haber padecido, se presentó vivo con muchas pruebas indubitables, apareciéndoseles durante cuarenta días y hablándoles acerca del reino de Dios".

Nótese que dice que durante esos cuarenta días, estuvo hablándoles acerca del reino de Dios.

"Y estando juntos, les mandó que no se fueran de Jerusalén, sino que esperasen la promesa del Padre, la cual, les dijo, oísteis de mí.
Porque Juan ciertamente bautizó con agua, más vosotros seréis bautizados con el Espíritu Santo dentro de no muchos días".

Él había prometido en diversas ocasiones que no los dejaría solos y los discípulos no podían entender eso; ahora

el Señor les revela que aunque Él se va, sin embargo no los dejara solos sino que les enviará el Espíritu Santo para acompañarlos y ayudarlos a cumplir esa gran tarea.

La ascensión

> "Entonces los que se habían reunido le preguntaron, diciendo: Señor, ¿restaurarás el reino a Israel en este tiempo?" *(Hch 1.6).*

Esa pregunta es una evidencia más de que los discípulos estaban condicionados por muchos prejuicios y tradiciones para entender la "gracia del evangelio". Tanto ellos como los sacerdotes y la sociedad de Israel, tenían una gran expectativa mesiánica. Estaban esperando al Mesías, pero creían y esperaban al Mesías como un gran libertador político-militar, que liberara a Israel del yugo de los romanos y lo llevara nuevamente a una época de esplendor como en los días de David y Salomón. Por eso aun ahora, después de verlo resucitado no comprendían la tremenda obra de Cristo en la cruz y la misión espiritual y eterna de Jesús como Salvador.

> *"Y les dijo: No os toca a vosotros saber los tiempos o las sazones, que el Padre puso en su sola potestad; pero recibiréis poder, cuando haya venido sobre vosotros el Espíritu Santo, y me seréis testigos en Jerusalén, en toda Judea, en Samaria, y hasta lo último de la tierra.*
> *Y habiendo dicho estas cosas, viéndolo ellos, fue alzado, y le recibió una nube que le ocultó de sus ojos.*
> *Y estando ellos con los ojos puestos en el cielo, entre tanto que él se iba, he aquí se pusieron junto a ellos dos varones con vestiduras blancas, los cuales también les dijeron: Varones galileos, ¿por qué estáis mirando al cielo?*

Este mismo Jesús, que ha sido tomado de vosotros al cielo, así vendrá como le habéis visto ir al cielo" (Hch 1.7-11).

Nuevamente vemos la intervención de nosotros, los ángeles, que fuimos enviados por el Señor para aclararles que aunque ahora estaban viendo al Señor ascender a los cielos y ser cubierto con una nube, de la misma manera regresará.

El Señor les había dicho: *"No os dejaré huérfanos; vendré a vosotros. Todavía un poco, y el mundo no me verá más; pero vosotros me veréis; porque yo vivo, vosotros también viviréis.*

En aquel día vosotros conoceréis que yo estoy en mi Padre, y vosotros en mí, y yo en vosotros" (Jn 14.18-20)

¡¡Dios habitaría dentro de vosotros!!

10.2 Jesús Asciende y se Sienta en el trono Celestial

Nuevamente estábamos todos reunidos en el cielo, cuando de pronto, llega El Señor, sobre "una nube" acompañado por legiones de ángeles. El Padre está sentado en su trono, y a su diestra hay un trono vacío. El Padre le dice a Jesús:

> ***Siéntate a mi derecha, Hasta que ponga a tus enemigos por estrado de tus pies*** *(Mt 22.44).*
>
> *"Porque el mismo David dijo por el Espíritu Santo: Dijo el Señor a mi Señor: Siéntate a mi diestra,*
> *Hasta que ponga tus enemigos por estrado de tus pies (Mr 12.36)".*
>
> *"Pues el mismo David dice en el libro de los Salmos:*
> *Dijo el Señor a mi Señor: Siéntate a mi diestra, Hasta que ponga a tus enemigos por estrado de tus pies" (Lc 20.42-43).*
>
> *"Porque David no subió a los cielos; pero él mismo dice: Dijo el Señor a mi Señor: Siéntate a mi diestra, Hasta*

que ponga a tus enemigos por estrado de tus pies" (Hch 2.34-35).

"Porque preciso es que él reine hasta que haya puesto a todos sus enemigos debajo de sus pies" (1 Co 15.25).

"Por esta causa también yo, habiendo oído de vuestra fe en el Señor Jesús, y de vuestro amor para con todos los santos, no ceso de dar gracias por vosotros, haciendo memoria de vosotros en mis oraciones, para que el Dios de nuestro Señor Jesucristo, el Padre de gloria, os dé espíritu de sabiduría y de revelación en el conocimiento de él, alumbrando los ojos de vuestro entendimiento, para que sepáis cuál es la esperanza a que él os ha llamado, y cuáles las riquezas de la gloria de su herencia en los santos, y cuál la supereminente grandeza de su poder para con nosotros los que creemos, según la operación del poder de su fuerza, ***la cual operó en Cristo, resucitándole de los muertos y sentándole a su diestra en los lugares celestiales, sobre todo principado y autoridad y poder y señorío, y sobre todo nombre que se nombra, no sólo en este siglo, sino también en el venidero; y sometió todas las cosas bajo sus pies, y lo dio por cabeza sobre todas las cosas a la iglesia"*** *(Ef 1.15-22).*

"Si, pues, habéis resucitado con Cristo, buscad las cosas de arriba, donde está Cristo sentado a la diestra de Dios" (Col 3.1).

"Pues, ¿a cuál de los ángeles dijo Dios jamás: Siéntate a mi diestra, Hasta que ponga a tus enemigos por estrado de tus pies?" (Heb 1.13).

El mediador de un nuevo pacto

"Ahora bien, el punto principal de lo que venimos diciendo es que tenemos tal sumo sacerdote, el cual se sentó a la diestra del trono de la Majestad en los cielos" (Heb 8.1).

"Pero Cristo, habiendo ofrecido una vez para siempre un solo sacrificio por los pecados, se ha sentado a la diestra de Dios, de ahí en adelante esperando hasta que sus enemigos sean puestos por estrado de sus pies" (Heb 10.12-13).

Cristo, nuestro abogado

"Hijitos míos, estas cosas os escribo para que no pequéis; y si alguno hubiere pecado, abogado tenemos para con el Padre, a Jesucristo el justo.

Y él es la propiciación por nuestros pecados; y no solamente por los nuestros, sino también por los de todo el mundo" (1 Jn 2.1-2).

Resumiendo todo lo dicho:

1. **Jesús está sentado a la diestra de Dios, como Dios.**
2. **Jesús está sentado a la diestra de Dios como Sumo Sacerdote, según la orden de Melquisedec:**

"Porque este Melquisedec, rey de Salem, sacerdote del Dios Altísimo, que salió a recibir a Abraham que volvía de la derrota de los reyes, y le bendijo, a quien asimismo dio Abraham los diezmos de todo; cuyo nombre significa primeramente Rey de justicia, y también Rey de

Salem, esto es, Rey de paz; sin padre, sin madre, sin genealogía; que ni tiene principio de días, ni fin de vida, sino hecho semejante al Hijo de Dios, permanece sacerdote para siempre. Considerad, pues, cuán grande era éste, a quien aún Abraham el patriarca dio diezmos del botín.

Ciertamente los que de entre los hijos de Leví reciben el sacerdocio, tienen mandamiento de tomar del pueblo los diezmos según la ley, es decir, de sus hermanos, aunque éstos también hayan salido de los lomos de Abraham.

Pero aquel cuya genealogía no es contada de entre ellos, tomó de Abraham los diezmos, y bendijo al que tenía las promesas.

Y sin discusión alguna, el menor es bendecido por el mayor.

Y aquí ciertamente reciben los diezmos hombres mortales; pero allí, uno de quien se da testimonio de que vive.

Y por decirlo así, en Abraham pagó el diezmo también Leví, que recibe los diezmos; porque aún estaba en los lomos de su padre cuando Melquisedec le salió al encuentro.

Si, pues, la perfección fuera por el sacerdocio levítico (porque bajo él recibió el pueblo la ley), ¿qué necesidad habría aún de que se levantase otro sacerdote, según el orden de Melquisedec, y que no fuese llamado según el orden de Aarón?

Porque cambiado el sacerdocio, necesario es que haya también cambio de ley;

y aquel de quien se dice esto, es de otra tribu, de la cual nadie sirvió al altar.

Porque manifiesto es que nuestro Señor vino de la tribu de Judá, de la cual nada habló Moisés tocante al sacerdocio.

Y esto es aún más manifiesto, si a semejanza de Melquisedec se levanta un sacerdote distinto,

No constituido conforme a la ley del mandamiento acerca de la descendencia, sino según el poder de una vida indestructible.

Pues se da testimonio de él: Tú eres sacerdote para siempre, Según el orden de Melquisedec.

Queda, pues, abrogado el mandamiento anterior a causa de su debilidad e ineficacia (pues nada perfeccionó la ley), y de la introducción de una mejor esperanza, por la cual nos acercamos a Dios.

Y esto no fue hecho sin juramento; porque los otros ciertamente sin juramento fueron hechos sacerdotes; pero éste, con el juramento del que le dijo: Juró el Señor, y no se arrepentirá:

Tú eres sacerdote para siempre, Según el orden de Melquisedec.

Por tanto, Jesús es hecho fiador de un mejor pacto.

Y los otros sacerdotes llegaron a ser muchos, debido a que por la muerte no podían continuar; más éste, por cuanto permanece para siempre, tiene un sacerdocio inmutable; por lo cual puede también salvar perpetuamente a los que por él se acercan a Dios, viviendo siempre para interceder por ellos.

Porque tal sumo sacerdote nos convenía: santo, inocente, sin mancha, apartado de los pecadores, y hecho más sublime que los cielos; que no tiene necesidad cada día, como aquellos sumos sacerdotes, de ofrecer primero sacrificios por sus propios pecados, y luego por los del pueblo; porque esto lo hizo una vez para siempre, ofreciéndose a sí mismo.

Porque la ley constituye sumos sacerdotes a débiles hombres; pero la palabra del juramento, posterior a la ley, al Hijo, hecho perfecto para siempre" (Heb 7.1-28)

Al haber cambio de sacerdote, hay también cambio de ley (un nuevo pacto), no estáis más bajo la ley del Antiguo Pacto, sino bajo la ley de Cristo, la Gracia: "*Porque el pecado no se enseñoreará de vosotros; pues no estáis bajo la ley, sino bajo la gracia"* (Rom 6.14)**.**

Al haberse ofrecido Jesús como sacrificio perfecto, no hay necesidad de más sacrificios, solamente un recordatorio permanente de ese sacrificio perfecto a través de la ceremonia de la "Santa Cena".

3. Jesús está sentado en el trono, como mediador, intercediendo permanentemente por vosotros:

Cristo, nuestro abogado

"Hijitos míos, estas cosas os escribo para que no pequéis; y si alguno hubiere pecado, abogado tenemos para con el Padre, a Jesucristo el justo" (1 Jn 2.1).

"Por lo cual puede también salvar eternamente a los que por él se allegan a Dios, viviendo siempre para interceder por ellos" (Heb 7.25).

4. Jesús al estar en el trono os envía el Espíritu Santo.

"Más el Consolador, el Espíritu Santo, a quien el Padre enviará en mi nombre, él os enseñará todas las cosas, y os recordará todo lo que yo os he dicho" (Jn 14.26).

"Pero cuando venga el Consolador, a quien yo os enviaré del Padre, el Espíritu de verdad, el cual procede del Padre, él dará testimonio acerca de mí" (Jn 15.26).

Dice Mateo 22: 41-45

"Y estando juntos los fariseos, Jesús les preguntó,

Diciendo: ¿Qué pensáis del Cristo? ¿De quién es hijo? Le dijeron: De David.

Él les dijo: "¿Pues cómo David en el Espíritu le llama Señor, diciendo:

Dijo el Señor a mi Señor: ¿Siéntate a mi derecha, hasta que ponga a tus enemigos por estrado de tus pies?

Pues si David le llama Señor, ¿cómo es su hijo?"

10.3 La Venida Del Espíritu Santo

Recuerden que Jesús les había dicho a los discípulos que no los dejaría solos, sino que les enviaría el Espíritu Santo. Eso sucedió unos diez días después de la ascensión, en la fiesta de pentecostés.

Es interesante notar que en el antiguo testamento el espíritu santo no moraba "dentro de los creyentes -Patriarcas, reyes, profetas, sacerdotes-, sino que en determinadas ocasiones venia **"sobre"** las personas, pero no moraba **"dentro"** de las personas

"Y Sansón descendió con su padre y con su madre a Timnat; y cuando llegaron a las viñas de Timnat, he aquí un león joven que venía rugiendo hacia él.

Y el Espíritu de Jehová vino ***"sobre Sansón",*** *quien despedazó al león como quien despedaza un cabrito, sin tener nada en su mano; y no declaró ni a su padre ni a su madre lo que había hecho" (Jue 14.5-6).*

"Pero todos los madianitas y amalecitas y los del oriente se juntaron a una, y pasando acamparon en el valle de Jezreel.

Entonces el Espíritu de Jehová vino ***"sobre Gedeón"****, y cuando éste tocó el cuerno, los abiezeritas se reunieron con él" (Jue 6.33-34).*

"Entonces el Espíritu de Jehová vendrá ***"sobre ti"*** *con poder, y profetizarás con ellos, y serás mudado en otro hombre (1 S 10:6)".*

"Y el Espíritu de Jehová vino ***"sobre él"****, y juzgó a Israel, y salió a batalla, y Jehová entregó en su mano a Cusan-risataim rey de Siria, y prevaleció su mano contra Cusan-risataim" (Jue 3.10).*

Cuando Dios creo al hombre, hizo su cuerpo del polvo de la tierra, y así el cuerpo del hombre tiene los mismos componentes químicos que vuestro planeta, la tierra. Pero luego de hacer el cuerpo "soplo en su nariz aliento de vida" y entonces el hombre fue un ser viviente. El soplo de Dios inyecto en el espíritu del hombre -que junto con su cuerpo estaba muerto-, el espíritu de vida. Ahora, Dios Espíritu Santo moraba dentro del hombre que al ser creado era un ser Santo, pero lamentablemente como consecuencia del pecado voluntario del hombre, el hombre se convirtió en un ser pecador y el Espíritu de Dios se retiró del interior del hombre, ya que al ser El Espíritu "Santo", no puede habitar dentro de un ser pecador. Por ese motivo vemos que aun en los creyentes del antiguo pacto o testamento, el Espíritu Santo no moraba dentro de ellos, aunque ellos eran salvos, lo eran por la fe que tenían en el sacrificio todavía futuro que Cristo haría en la cruz; cada vez que llevaban a los sacerdotes un animal para sacrificio por sus pecados, ese acto era una demostración de su fe en el sacrificio del sustituto, aun futuro -Jesucristo-.

Pero ahora ese sacrificio se había consumado, el hombre estaba preparado para recibir el Espíritu Santo dado

que sus pecados fueron clavados con Cristo en la cruz, y basta que solo le abra el corazón a Jesús y acepte la salvación que él consiguió y le ofrece, para que pueda venir el Espíritu Santo a su vida.

Por todo esto ya todo estaba preparado para que el Señor cumpliera su promesa y enviara desde el cielo al Espíritu Santo.

La venida del Espíritu Santo

"Cuando Jesús asciende al cielo en el monte de los Olivos, los discípulos entonces, volvieron a Jerusalén desde el monte que se llama del Olivar, el cual está cerca de Jerusalén, camino de un día de reposo -esto es aproximadamente 900 metros-.

Y entrados, subieron al aposento alto, donde moraban Pedro y Jacobo, Juan, Andrés, Felipe, Tomás, Bartolomé, Mateo, Jacobo hijo de Alfeo, Simón el Zelote y Judas hermano de Jacobo.

Todos éstos perseveraban unánimes en oración y ruego, con las mujeres, y con María la madre de Jesús, y con sus hermanos.

En aquellos días Pedro se levantó en medio de los hermanos -y los reunidos eran como ciento veinte en número" (Hch 1.12-15).

"Cuando llegó el día de Pentecostés, estaban todos unánimes juntos.

Y de repente vino del cielo un estruendo como de un viento recio que soplaba, el cual llenó toda la casa donde estaban sentados; y se les aparecieron lenguas re-

partidas, como de fuego, asentándose sobre cada uno de ellos.

Y fueron todos llenos del Espíritu Santo, y comenzaron a hablar en otras lenguas, según el Espíritu les daba que hablasen.

Moraban entonces en Jerusalén judíos, varones piadosos, de todas las naciones bajo el cielo.

Y hecho este estruendo, se juntó la multitud; y estaban confusos, porque cada uno les oía hablar en su propia lengua.

Y estaban atónitos y maravillados, diciendo: Mirad, ¿no son galileos todos estos que hablan?

¿Cómo, pues, les oímos nosotros hablar cada uno en nuestra lengua en la que hemos nacido? Partos, Medos, Elamitas, y los que habitamos en Mesopotamia, en Judea, en Capadocia, en el Ponto y en Asia, en Frigia y Panfilia, en Egipto y en las regiones de África más allá de Cirene, y romanos aquí residentes, tanto judíos como prosélitos, cretenses y árabes, les oímos hablar en nuestras lenguas las maravillas de Dios.

Y estaban todos atónitos y perplejos, diciéndose unos a otros: ¿Qué quiere decir esto?

Más otros, burlándose, decían: Están llenos de mosto" -están borrachos- (Hch 2.1-16).

Había llegado el momento escogido por el Señor, este grupo de creyentes estaba orando, creyendo y esperando que el Señor enviara lo que les había prometido, y esto sucedió durante la celebración de la fiesta Judía de Pentecostés.

Los judíos celebran el Pentecostés cincuenta días después de la Pascua del Cordero para conmemorar el encuentro entre Dios y Moisés en el monte Sinaí, y la entrega de la Ley al pueblo de Israel, que simboliza el nacimiento del judaísmo.

Este evento, según es narrado en el libro del Éxodo, en el Antiguo Testamento, ocurrió cincuenta días después de la salida del pueblo hebreo del cautiverio de Egipto.

Asimismo, el Pentecostés está también históricamente asociado a la Fiesta de las Semanas o la Fiesta de las Mieses, una celebración que tenía lugar siete semanas después de la Pascua, en la que se daba gracias a Dios por el fruto de las cosechas. Era una fiesta de paz.

Es asombroso la fuerza con que el Espíritu Santo vino sobre los creyentes, pero fue así porque había una gran oposición por parte de Satanás para que esto sucediera, él sabía que al morar el Espíritu Santo dentro del corazón del hombre, ya poco podría hacer para seguir dominándolo con todo tipo de tentaciones, vicios y pecados; solamente puede seguir dominando a aquellos que voluntariamente rechazan a Cristo y por lo tanto al Espíritu Santo. Jesús os enseño que todo pecado será perdonado, excepto la blasfemia contra el Espíritu Santo.

El pecado imperdonable de hoy es el estado de continua incredulidad. El Espíritu actualmente convence de pecado, justicia y juicio, a aquellos del mundo que no son salvos *(Juan 16:8)*. Resistir esa convicción y permanecer sin arrepentirse voluntariamente, es "blasfemar" al Espíritu. No hay perdón, ni en este siglo ni en el venidero, para una persona que rechaza el llamado del Espíritu para confiar en Jesucristo y luego muere en la incredulidad. El amor de Dios es evidente: *"Porque de tal manera amó Dios al mundo, que ha dado a su Hijo unigénito, para que todo aquel que en él cree, no se pierda, más tenga vida eterna" (Juan 3.16)*. Y la elección es clara: *"El que cree en el Hijo tiene vida eterna, pero el que rechaza al Hijo no verá la vida, porque la ira de Dios permanece sobre él" (Juan 3.36).*

Continuando con el relato de la Venida del Espíritu Santo, Hubo un gran estruendo como de un tornado, y de pronto sintieron como un fuego se apoderaba de ellos y milagrosamente comenzaron a hablar en otros idiomas desconocidos por ellos, contando las maravillas de Dios.

En esos días con motivo de la festividad de pentecostés, había gran cantidad de visitantes en Jerusalén, gente que venía de los lugares más remotos y que hablaban diferentes lenguas o idiomas, al oír el estruendo, la multitud se acercó al sitio donde estaban los "ciento veinte", y se quedaron maravillados y atónitos al oírlos hablar en sus propios idiomas. Algunos de ellos se burlaban diciendo que estaban borrachos, aunque eran las nueve de la mañana.

Pedro se puso en pie y comenzó a predicar a Cristo, contándoles de sus obras y de como toda la escritura del antiguo testamento habla de Él, como resultado hubo muchísimas conversiones, solamente en aquel día tres mil personas fueron bautizadas y agregadas a la naciente Iglesia.

El Espíritu Santo mora, desde ese día, en el corazón de todo aquel que se arrepiente de sus pecados y recibe a Cristo como único y suficiente salvador. Él os habla de diferentes maneras, algunas veces utiliza la voz de vuestras propias conciencias, otras veces lo hace a través de otros hermanos en la fe, también por medio de las predicaciones y enseñanzas de la biblia, muchas veces por las circunstancias personales, y siempre por medio de La Palabra del Señor, La Biblia (cuando la leáis con un corazón abierto, el Espíritu Santo os revelará secretos escondidos para vosotros, notareis que Dios os habla directamente)

Con la venida del Espíritu Santo, la iglesia había nacido. Entonces surge la siguiente pregunta: ¿Qué es la Iglesia?

Dice Hechos de Los Apóstoles 2:1-4

"Cuando llegó el día de Pentecostés, estaban todos unánimes juntos.

Y de repente vino del cielo un estruendo como de un viento recio que soplaba, el cual llenó toda la casa donde estaban sentados;

Y se les aparecieron lenguas repartidas, como de fuego, asentándose sobre cada uno de ellos.

***Y fueron todos llenos del Espíritu Santo,** y comenzaron a hablar en otras lenguas, según el Espíritu les daba que hablasen".*

10.4 La Iglesia

Mucha gente en la actualidad entiende la iglesia como un edificio. Esta no es la definición bíblica de la iglesia. La palabra "iglesia" viene del latín "ecclesia", y esta de la palabra griega "*Ekklesia*" que significa "una asamblea" o "una convocatoria". La raíz del significado de la palabra "iglesia" no es de un edificio, sino de personas. San Pablo usó esta palabra para referirse a la congregación de creyentes cristianos.

Todos los miembros de la iglesia cristiana tienen en común su fe en Jesucristo y por eso los miembros de una iglesia se llaman cristianos, que significa "seguidores de Cristo". La iglesia es el Pueblo de Dios aquí en la tierra. Es irónico que cuando le preguntáis a la gente a cuál iglesia asiste, usualmente ellos se refieren a un edificio. En Romanos 16:5 dice, *"Saludad también a la iglesia de su casa..."*. Pablo se refiere a la iglesia "en su casa", no a un edificio, sino al cuerpo de creyentes.

La iglesia es el cuerpo de Cristo, donde Él es la cabeza. Efesios 1:22-23 dice: *"Y sometió todas las cosas bajo Sus pies, y lo dio por cabeza sobre todas las cosas a la iglesia, la cual es Su cuerpo, la plenitud de Aquel que todo lo llena en todo"*. El Cuerpo de Cristo está formado por todos los creyentes en Jesucristo desde el día de Pentecostés *(Hch 2)* hasta la segunda venida de Cristo. El Cuerpo de Cristo comprende tres aspectos:

1. **La iglesia universal** es la iglesia formada por todos los que tienen una relación personal con Jesucristo, y abarca a los creyentes de todos los tiempos, desde su nacimiento en día de Pentecostés hasta la segunda venida de Cristo (También incluye a los santos o creyentes del Antiguo Testamento). 1 Corintios 12:13-14 dice, "Porque por un solo Espíritu fuimos todos bautizados en un cuerpo, sean judíos o griegos, sean esclavos o libres, y a todos se nos dio a beber de un mismo Espíritu". Aquí vemos que cualquiera que ha depositado su fe en Jesús es parte del Cuerpo de Cristo y ha recibido el Espíritu de Cristo como evidencia. La iglesia universal de Dios la forman todos aquellos que han recibido la salvación a través de la fe en Jesucristo. Culturalmente muchas personas creen que "nacen" cristianas, por el hecho de que sus padres son cristianos, pero quiero revelarles un secreto: **"Dios no tiene nietos"**. Esto significa que el hecho de haber nacido en un hogar, o en un pueblo o ciudad o nación, que culturalmente sea "Cristiano", no es garantía de salvación. El cristianismo es mucho más que una cultura social, es el resultado de una elección, en la que la persona se arrepiente verdaderamente de sus pecados y se convierte a Cristo recibiéndole en su corazón y recibiendo El Espíritu Santo.

2. **La iglesia local** está descrita en Gálatas 1:1-2, "Pablo, apóstol... y todos los hermanos que están conmigo, a las iglesias de Galacia". Aquí vemos que en la provincia de Galacia había muchas iglesias, lo que se llaman iglesias locales. Una iglesia determinada, Bautista, Luterana, Metodista, Presbiteriana etc… de una localidad, no es la iglesia universal -sino más bien es una iglesia local-, un cuerpo local de creyentes. La igle-

sia universal la forman los que han confiado en Cristo para salvación en todos los tiempos. Estos miembros de la iglesia universal deben buscar compañerismo y edificación en una iglesia local.

La iglesia no tiene división de clases, de razas o culturas, un precioso ejemplo de esto se refleja en la salutación de San Pablo en su epístola a los romanos; en el capítulo 16, versículos 21-23, Pablo dice: Os saluda Timoteo, mi colaborador -***un ministro de la iglesia***-, y Lucio, Jasón y Sosípater -***tres parientes de Pablo***-. Yo Tercio, que escribí la epístola, os saludo en el Señor -***un esclavo amanuense***-. Os saluda Gayo, hospedador mío y de toda la iglesia -***Una persona pudiente***-. Os saluda Erasto, tesorero de la ciudad -***Una persona con un importante cargo político***-, y el hermano Cuarto -***otro esclavo***-.

3. El tercer aspecto de la iglesia es **"La iglesia dentro de la Iglesia"**. Esto es que realmente no todos los que asisten a una iglesia, son salvos por el mero hecho de asistir, sino que como ya os dije en reiteradas oportunidades, son salvos aquellos que se han arrepentido de sus pecados y han recibido a Jesucristo y al Espíritu Santo, viviendo una vida de obediencia a su palabra.

Dice Efesios 1: 16-23

"No ceso de dar gracias por vosotros, haciendo memoria de vosotros en mis oraciones,

Para que el Dios de nuestro Señor Jesucristo, el Padre de gloria, os dé espíritu de sabiduría y de revelación en el conocimiento de él,

Alumbrando los ojos de vuestro entendimiento, para que sepáis cuál es la esperanza a que él os ha llamado, y cuáles las riquezas de la gloria de su herencia en los santos,

Y cuál la supereminente grandeza de su poder para con nosotros los que creemos, según la operación del poder de su fuerza,

La cual operó en Cristo, resucitándole de los muertos y sentándole a su diestra en los lugares celestiales,

Sobre todo principado y autoridad y poder y señorío, y sobre todo nombre que se nombra, no sólo en este siglo, sino también en el venidero;

Y sometió todas las cosas bajo sus pies, ***y lo dio por cabeza Sobre todas las cosas a la iglesia,***

La cuál es su cuerpo, la plenitud de Aquel que todo lo llena en todo".

10.5 Breve Historia de La Iglesia

Con la llegada del Espíritu Santo comenzó una nueva etapa para la humanidad, desde el cielo creíamos que la humanidad por fin iba a cambiar volviéndose a Dios, pero la triste realidad es que el hombre volvió a despreciar la gracia de Dios revelada en el evangelio, salvo un grupo que se mantiene fiel a Jesucristo hasta nuestros días. La historia de la iglesia tiene luces y sombras, aun la iglesia sufrió como consecuencia del pecado, una gran corrupción y muchos líderes se corrompieron dejando la gracia del Señor, y siguiendo ambiciones y deseos humanos que nada tienen que ver con el mensaje de Jesucristo.

Aunque el Señor siempre mantuvo un grupo de verdaderos seguidores, fieles a su palabra y a su gracia. La "iglesia, dentro de la iglesia". No voy a detenerme a detallar las distintas etapas históricas que atravesó la iglesia desde su fundación hasta nuestros días. Vosotros tenéis muchos libros escritos sobre esto, solamente me voy a detener en algunos acontecimientos que cambiaron el curso de la iglesia y de la historia.

Para una mejor comprensión resumiremos el estudio a algunos periodos históricos:

1. **Edad antigua DC**
2. **Edad media**
3. **Las cruzadas**
4. **La reforma**
5. **La edad moderna**

1. La Edad Antigua DC. (año 0 al 500 DC)

Este periodo abarca desde el nacimiento de la iglesia en pentecostés hasta el siglo V. En el vemos como la iglesia se forma a partir del mensaje de Cristo predicado por los apóstoles y sus seguidores, comienzan a surgir muchas iglesias locales en muchas ciudades, todas ellas eran pequeñas congregaciones autónomas, conectadas entre sí por las epístolas que los apóstoles y misioneros fundadores les escribían enseñándoles la doctrina de Cristo, estas epístolas eran copiadas y enviadas de una a otra iglesia local para su enriquecimiento espiritual; también en ese periodo son escritos los evangelios recordándoles todas las enseñanzas de Jesús. La iglesia no tenía una gran estructura, y el secreto de su crecimiento era que los creyentes buscaban continuamente la guía del Señor, dependiendo solamente de El a través del Espíritu Santo. Con el tiempo fue necesario realizar concilios en los que los líderes de la iglesia debían tomar decisiones con respecto a los problemas y dudas que surgían con motivo de los nuevos miembros que se iban agregando, por ejemplo tenían que decidir si aceptaban en la congregación a personas no judías, "gentiles", y si los nuevos creyentes debían ser circuncidados o no, recuerden que les dije que los apóstoles estaban condicionados por costumbres y tradiciones judías y tardarían mucho tiempo en comprender la plenitud de la gracia de Dios revelada en el evangelio. Además debéis tener en cuenta que la iglesia sufría frecuentes persecuciones por parte de los judíos y los romanos. A medida que avanzaba el tiempo y morían los discípulos, surgían nuevos dirigentes que no habían nacido cuando Cristo murió y resucito, por lo tanto no le habían visto. También en ese periodo hubo muchos mártires, debido a las persecuciones.

Debido a que la iglesia de Roma, se encontraba en la capital del imperio, el obispo de Roma fue teniendo cada vez más peso en las decisiones eclesiásticas, llegando a ser la cabeza de la iglesia. "Había nacido el papado".

No puedo dejar de nombrarles El concilio de Nicea I (o Primer concilio de Nicea) fue un sínodo de obispos cristianos que tuvo lugar entre el 20 de mayo y el 19 de junio de 325 en la ciudad de Nicea de Bitinia en el Imperio romano. Esta ciudad hoy es llamada en turco İznik y forma parte de la provincia de Bursa en Turquía. Fue convocado por el emperador Constantino I y es considerado el primer concilio ecuménico. Fue presidido por el obispo Osio de Córdoba, de quien se cree que era uno de los legados del papa.

Constantino era consciente de las numerosas divisiones que existían en el seno del cristianismo, por lo que, siguiendo la recomendación de un sínodo dirigido por Osio de Córdoba en ese mismo año, decidió convocar un concilio ecuménico de obispos en la ciudad de Nicea, donde se encontraba el palacio imperial de verano. El propósito de este concilio era establecer la paz religiosa y construir la unidad de la Iglesia cristiana. Sus principales logros fueron el arreglo de la cuestión cristológica de la naturaleza del Hijo de Dios y su relación con Dios Padre, la construcción de la primera parte del Símbolo niceno, el establecimiento del cumplimiento uniforme de la fecha de la Pascua, y la promulgación del primer derecho canónico.

Me parece mentira que fueran cuestionadas las enseñanzas tan claras con respecto a la divinidad de Cristo, dadas por Jesús y por el Padre. En ese tiempo se fue consolidando un nuevo sacerdocio y los pastores pasaron a ser sacerdotes, algo totalmente contrario a las enseñanzas de las Escrituras, la iglesia se había olvidado que "el velo se Rasgó". Como consecuencia de esta desviación del culto, nació lo que vosotros conocéis como *"La santa Misa", que según enseña la iglesia católica romana, es el Sacrificio del Cuerpo y Sangre de Jesucristo, que se ofrece sobre los altares bajo las especies de pan y de vino en memoria del sacrificio de la Cruz. Según los católicos, el Sacrificio de la Santa Misa se ofrece a Dios para cuatro fines: 1º. Para honrarle como conviene, y por esto se llama latréutico (culto o adoración a Dios); 2º. Para agradecerle sus beneficios, y por esto se llama eucarístico (Acción de gracias); 3º. Para aplicarle, para darle alguna satisfacción de nuestros pecados y para ofrecerle sufragios por las almas del purgatorio, por lo cual se llama propiciatorio (siempre según los católicos, propiciatorio es algo que tiene la virtud de hacer propicio o favorable, especialmente ante la divinidad. Una víctima propiciatoria es la víctima de un sacrificio efectuado con fines propiciatorios); 4º. Para alcanzar todas las gracias que nos son necesarias, y por esto se llama imperatorio (Se entiende por imperatorio lo que sirve o se emplea por lo general para impetrar, que significa: lograr, conseguir y obtener por lo general alguna gracia en que se ha exigido, solicitado o requerido mediante algún ruego, súplica o petición de tipo personal).*

Toda esta enseñanza se opone diametralmente a la verdad de las sagradas escrituras que dicen claramente que Jesús murió solamente una vez: "No es como los otros sumos sacerdotes, que tienen que matar animales y ofrecerlos cada día en sacrificio, primero por sus propios pecados y luego por los pecados del pueblo. Por el contrario, Jesús ofreció el sacrificio una sola vez y para siempre, cuando se ofreció a sí mismo" *(Heb 7.27)*. Si bien todos estos cuatro elementos, 1. La adoración a Dios, 2. La acción de gracias, 3. Cristo como propiciación de vuestros pecados y 4. La oración intercesora, deben estar presentes en el culto Cristiano, pero no deben hacerlo bajo el concepto de un sacrificio, de otra manera Cristo es sacrificado en miles de ocasiones diarias, cada vez que se ofrece una misa, por más que ese sacrificio se ofrezca como memoria o recordatorio. Nuevamente os digo: Cristo murió una sola vez y para siempre, por lo tanto no deben ofrecerse más sacrificios y por lo mismo no hacen falta sacerdotes mediadores.

En febrero del año 313, el emperador romano Constantino se reunió con el emperador Licinio en Milán, y promulgaron el Edicto de Milán, declarando que se permitiese a los cristianos seguir la fe de su elección. Con ello, se retiraron las sanciones por profesar el cristianismo, bajo las cuales, muchos habían sido martirizados como consecuencia de las persecuciones a los cristianos y se devolvieron las propiedades confiscadas a la Iglesia. El edicto no sólo protegió de la persecución religiosa a los cristianos, sino que sirvió también para las demás religiones, permitiendo que cualquier persona pudiese adorar a la divinidad que eligiese. Sin embargo y de hecho, a partir de ese punto el cristianismo pasa a adquirir el estatus de religión privilegiada y se inician las persecuciones a las demás religiones.

Tras el edicto se abrieron nuevas vías de expansión para los cristianos, incluyendo el derecho a competir con los paganos en el tradicional *cursus honorum* (Cursus honorum era el nombre que recibía la carrera política o escalafón de responsabilidades públicas en la Antigua Roma) para las altas magistraturas del gobierno, otorgando privilegios al clero, como la exención de ciertos impuestos, así como también ganaron una mayor aceptación dentro de la sociedad civil en general. Se permitió la construcción de nuevas iglesias y los líderes cristianos alcanzaron una mayor importancia y como ejemplo de ello, los obispos cristianos adoptaron unas posturas agresivas en temas públicos que nunca antes se habían visto en otras religiones.

Como resultado de esto, se construyeron grandes "iglesias" –templos- congregándose gran cantidad de personas, muchas de las cuales no se habían convertido, sino que asistían como un acontecimiento cultural; fueron necesarios muchos dirigentes o pastores, que tampoco tenían la preparación espiritual adecuada, eran más cargos políticos que espirituales. La mayoría de la gente en aquella época no tenían preparación escolar, por lo que la iglesia se llenó con esas personas, y lo que antes se decía del pueblo de Dios, en tiempos del Antiguo Testamento y en el inicio de la iglesia: "el pueblo del libro", pasó a ser una multitud de analfabetos. Los nuevos templos al ser tan grandes se llenaron de imágenes de los personajes bíblicos, un poco para embellecerlos y otro para enseñar al pueblo las historias de la biblia; pero al no tener líderes preparados que les enseñaran, la gente comenzó a pedir delante de esas imágenes, naciendo doctrinas de "santos intercesores", y apartándose cada vez más de la sana doctrina, se olvidaron que hay un solo mediador entre Dios y vosotros: Jesucristo.

También en ese periodo se produjeron grandes cambios políticos y al caer el imperio Romano como fuerza político-militar, el poder político fue traspasándose sutilmente a la iglesia, principalmente a la de Roma por ser la capital del imperio.

2. La Edad Media (siglo V al siglo XV)

En este largo periodo de mil años, hubo centenares de sucesos en el mundo. El motivo de este libro no es detallar la historia, sino contarles algunos acontecimientos relacionados con la iglesia, para entender cómo llegamos a estos días.

En primer lugar, se Define como la **Edad Media**, también conocida como Medioevo, al periodo que comienza con la caída del Imperio Romano de Occidente (en el año 476) y que llega, dependiendo del historiador, hasta el descubrimiento de América (1492) o la caída del Imperio Bizantino y la invención de la imprenta (1453). Mi intención no es cansarlos con los acontecimientos históricos, que fueron muchos de ese periodo, sino limitarme al desarrollo de la iglesia.

La Edad Media realizó una curiosa combinación entre la diversidad y la unidad. La diversidad fue el nacimiento de las incipientes naciones... La unidad, o una determinada unidad, procedía de la religión cristiana, que se impuso en todas partes... esta religión reconocía la distinción entre clérigos y laicos, de manera que se puede decir que... señaló el nacimiento de una sociedad laica. ... Todo esto trajo como resultado que este fue el período en que apareció y se construyó la Europa moderna (las Naciones Europeas).

3. Las Cruzadas

Algo que me avergüenza en este periodo son Las Cruzadas. Fueron una serie de campañas militares impulsadas por el papa de Roma y llevadas a cabo por gran parte de la Europa latina cristiana, principalmente por la Francia de los Capetos y el Sacro Imperio Romano. Las cruzadas, con el objetivo específico inicial de restablecer el control apostólico romano sobre Tierra Santa, se libraron durante un período de casi doscientos años, entre 1096 y 1291. Más adelante, otras campañas en España y Europa Oriental, de las que algunas no vieron su final hasta el siglo XV, recibieron la misma calificación. Las cruzadas fueron sostenidas principalmente contra los musulmanes, aunque también contra los eslavos paganos, judíos, cristianos ortodoxos griegos y rusos, mongoles, valdenses y en general contra los pueblos bálticos, y contra enemigos políticos de los papas. Los cruzados tomaban votos y se les concedía indulgencia por los pecados del pasado.

La Iglesia se olvidó que cuando vinieron a prender a Jesús y Pedro sacó la espada para defenderle, el Señor le dijo: Vuelve tu espada a su lugar; porque todos los que tomen espada, a espada perecerán *(Mt 26:52)*. El reino de Dios no se conquista por la fuerza, sino por el amor. Jesús dijo en Mateo 11:12 que "el reino de los cielos sufre violencia, y los violentos lo arrebatan", pero no se refería a la fuerza de la espada, sino a la fuerza del Espíritu. Cada vez que alguien decide arrebatar al reino, aceptando a Jesucristo y cambiando de vida, se desata una verdadera lucha espiritual en la que satanás trata por todos los medios de impedir que el recién convertido adopte la obediencia a Cristo y la santidad como un estilo de vida. Las tentaciones y la lucha en contra de esa conversión, aun de sus familiares y amigos se acentúa, y se hace necesario que con verdadera fuerza espiritual, el creyente se entregue al Señor bajo la guía del Espíritu Santo. Dios prometió que en esa lucha sus hijos no estarán solos. En el salmo 91:15, el Señor promete esto diciendo: "Me invocará, y yo le responderé; Con él estaré yo en la angustia; Lo libraré y le glorificaré." Notad que no dice que no tendréis angustias, sino que cuando las tengáis no estaréis solos, porque Dios promete estar con vosotros, librarlos y glorificarlos.

A pesar del aspecto negativo de las cruzadas para la verdadera iglesia. Ellas trajeron grandes cambios en la sociedad. Hubo avances en la agricultura, en el comercio y en las clases sociales, así como en los sistemas de gobierno.

Aunque las cruzadas y las sucesivas divisiones de la iglesia, nos demuestran que la iglesia instituida se apartaba cada vez más de los propósitos de Dios, sin embargo El Señor siempre se guardó un remanente de verdaderos creyentes (la iglesia dentro de la iglesia). Para entender mejor esto quiero contaros la historia de Elías *(1R 18 y 19)*. Como vosotros recordareis Elías había desafiado a 450 profetas de Baal y luego los hizo degollar; como consecuencia de esto Jezabel emprendió una tenaz persecución para matarlo; Elías huyó por el desierto y agotado le pidió a Dios que le quitara la vida, pero El Señor envió un ángel para fortalecerle dándole para comer una torta cocida y una vasija de agua. Fortalecido con aquella comida camino cuarenta días hasta el monte Horeb, y se escondió en una cueva, el Señor le dijo: Sal fuera, y ponte en el monte delante de Jehová. Y he aquí Jehová que pasaba, y un grande y poderoso viento que rompía los montes, y quebraba las peñas delante de Jehová; pero Jehová no estaba en el viento. Y tras el viento un terremoto; pero Jehová no estaba en el terremoto. Y tras el terremoto un fuego; pero Jehová no estaba en el fuego. Y tras el fuego un silbido apacible y delicado. Elías era un hombre violento y estaba actuando con violencia, pero ahora Dios le quiere dar una lección y por lo tanto no le habla desde un violento viento que partía las peñas; tampoco le habla desde un violento terremoto, ni desde un fuego consumidor. No, sin embargo le habla desde un sonido suave y delicado, desde la paz.

Y cuando lo oyó Elías, cubrió su rostro con su manto, y salió, y se puso a la puerta de la cueva. Y he aquí vino a él una voz, diciendo: ¿Qué haces aquí, Elías?

El respondió: He sentido un vivo celo por Jehová Dios de los ejércitos; porque los hijos de Israel han dejado tu pacto, han derribado tus altares, y han matado a espada a tus profetas; **"y sólo yo he quedado"**, y me buscan para quitarme la vida. *(1R 19.13,14)*

Dios le respondió: Yo haré que queden en Israel siete mil, cuyas rodillas no se doblaron ante Baal, y cuyas bocas no lo besaron. *(1R 19.18)*. Elías pensaba que él era el único que se había mantenido fiel, pero el Señor le dice que él tenía reservados siete mil creyentes fieles, que no estaba solo.

De la misma manera, a través de los siglos de historia que tiene la iglesia el Señor "reservó" a los escogidos. Siempre hubo un grupo de verdaderos creyentes que se mantuvieron fieles a la Palabra del Señor.

4. La Reforma Religiosa del Siglo XVI

En el siglo XVI, hubo un movimiento que sacudió los cimientos de la iglesia instituida, tuvo su origen en las críticas y propuestas con las que diversos religiosos, pensadores y políticos europeos buscaron provocar un cambio profundo y generalizado en los usos y costumbres de la Iglesia católica, además de negar la jurisdicción del papa sobre toda la cristiandad. Se conoce como Reforma protestante, o simplemente "la Reforma", al movimiento religioso cristiano, iniciado en Alemania en el siglo XVI por el monje agustino Martín Lutero, se considera el inicio de la Reforma el 31 de Octubre de 1517, ese día Lutero clavo en la puerta de la Iglesia de todos Los Santos, en la ciudad de Wittenberg, un documento que contenía **las noventa y cinco tesis**, era una lista de proposiciones para un debate escrita por Martín Lutero, profesor de Teología en la Universidad, que dio comienzo a la Reforma protestante, un cisma en la Iglesia católica que cambió profundamente la historia europea. Las tesis promovían los argumentos de Lutero contra lo que él consideraba un abuso de la práctica del clero al vender indulgencias plenarias, certificados que, según las creencias católicas, reducen el castigo temporal del purgatorio por los pecados cometidos por los compradores o sus seres queridos.

En sus tesis, Lutero afirmaba que el arrepentimiento establecido por Cristo, por el que los pecados serían perdonados, implica un arrepentimiento espiritual interno en lugar de simplemente una confesión sacramental externa, es decir, con el sacerdote. El sacerdote. Según él, las indulgencias incitaban a los cristianos a evitar el verdadero arrepentimiento y la aflicción por el pecado, creyendo que podían renunciar a estos comprando una indulgencia. Según Lutero la teología sacramental católica, permitía y justificaba prácticas como la "venta de indulgencias" y era un secuestro del Evangelio (el que debiera ser predicado libremente, y no vendido).

Asimismo, indicó que las indulgencias desalentaban a los cristianos a dar a los pobres y realizar otros actos de misericordia, pues pensaban que los certificados de indulgencia poseían mayor valor espiritual. Aunque Lutero afirmó que sus argumentos sobre las indulgencias concordaban con los del papa, las noventa y cinco tesis desafiaron una bula papal del siglo XIV que establecía que el romano pontífice podía usar el «tesoro de méritos» y las buenas obras de los santos del pasado para perdonar el castigo temporal por los pecados. Las tesis se formularon como proposiciones para ser discutidas en debate académico en lugar de representar puntualmente las opiniones de Lutero; más tarde, este último aclaró sus puntos de vista en "*las Explicaciones del debate sobre el valor de las indulgencias (1518)*".

Debido a que cada una de las 95 tesis comenzaba con la palabra "protesto", a los seguidores de Lutero y de la Iglesia Luterana se les llamó "Protestantes". Este movimiento llevó a un cisma de la Iglesia católica para dar origen a numerosas iglesias agrupadas bajo la denominación de protestantismo. El movimiento recibiría posteriormente el nombre de **Reforma protestante**, por su intención inicial de *reformar* el catolicismo con el fin de retornar a un cristianismo primitivo.

La *Protesta* de Espira, presentada por algunos príncipes y ciudades alemanas en 1529 contra un edicto del Emperador Carlos V, tendiente a derogar la tolerancia religiosa que había sido anteriormente concedida a los principados alemanes, tuvo gran importancia en este proceso.

Este movimiento hundía sus raíces en elementos de la tradición católica medieval. Además, la segunda generación del humanismo la siguió en gran medida.

La Reforma protestante dependió del apoyo político de algunos príncipes y monarcas para poder formar Iglesias cristianas de ámbito estatal (posteriormente Iglesias nacionales). Los principales exponentes de la Reforma protestante fueron Martín Lutero y Juan Calvino, aunque no fueron los únicos. (Solo por citar algunos reformadores: Jan Hus, John Wycliff, Ulrico Zwinglio o John Knox, entre muchos otros).

La iglesia Anglicana tuvo un origen, no solo espiritual sino que también político, surge en el siglo XVI tras romper Enrique VII con la doctrina católica para poder declarar nulo su matrimonio con Catalina de Aragón. Como características destacadas poseen la Biblia como base de la fe y los sacramentos del Bautismo y la Eucaristía como medios de la Gracia de Dios. Eso sí, no eliminan de forma definitiva los otros cinco sacramentos tradicionales. Están implantados especialmente en Inglaterra. Los líderes de esta iglesia son: La Corona de Inglaterra y el arzobispo de Canterbury, que es el primado de la Iglesia de Inglaterra y líder espiritual de la Comunión anglicana. Su principal documento de fe es: "Los **treinta y nueve artículos de religión,** son las afirmaciones definitorias históricas de las doctrinas de la Iglesia de Inglaterra con respecto a las controversias de la reforma anglicana. Definidos en 1563, los artículos sirven para definir la doctrina de la Iglesia de Inglaterra en cuanto a su relación con la doctrina calvinista y la práctica católica. A menudo se abrevia el nombre completo de los artículos y se los denomina los "treinta y nueve artículos"

La **Confesión de Fe de Westminster** es un breve resumen teológico apologético del credo cristiano protestante calvinista, promulgado en 1646. Recoge la ortodoxia doctrinal de las Iglesias Reformadas nacidas del movimiento calvinista en Gran Bretaña, cuyas raíces históricas están en la doctrina expuesta por Juan Calvino durante el siglo XVI en Ginebra, Suiza. Aunque se hizo primeramente para la Iglesia de Inglaterra, permanece como un "estándar subordinado" de doctrina para la Iglesia de Escocia, y ha influido sobre las iglesias presbiterianas de todo el mundo.

En 1643, el parlamento inglés convocó a "teólogos piadosos, doctos y juiciosos" para que se reunieran en la Abadía de Westminster para dar su opinión sobre cuestiones de adoración, doctrina, gobierno y disciplina de la Iglesia de Inglaterra. Sus reuniones, que se llevaron a cabo a lo largo de cinco años, produjeron la confesión de fe, así como una Catecismo Mayor y un Catecismo Menor. Por más de tres siglos, varias iglesias a lo largo del mundo han adoptado la confesión y sus catecismos como su estándar de doctrina, subordinado a la Biblia.

La Confesión de Fe de Westminster fue modificada y adoptada por los congregacionalistas de Inglaterra dando lugar a la Confesión de Saboya (1658). De la misma forma, los bautistas de Inglaterra modificaron la Confesión de Saboya para producir la Confesión Bautista de Londres de 1689.

Los presbiterianos, congregacionalistas y bautistas ingleses llegaron a ser conocidos todos ellos (junto con otros) como los "no conformistas", puesto que no se conformaron al Acta de Uniformidad de 1662 que establecía la Iglesia de Inglaterra como la única iglesia aprobada legalmente, aunque ellos estaban unidos de muchas formas por sus confesiones comunes, basadas todas en la Confesión de Westminster.

El protestantismo ha llegado a constituir la segunda gran rama del cristianismo, con un grupo de fieles que actualmente supera los 900 millones en todo el mundo (aunque solo Dios sabe cuántos son, porque Él los conoce a todos y a cada uno por su nombre).

En contrapartida y como un método para frenar la Reforma, distintos países europeos, entre los que se destaca España, promovieron alentados por la iglesia Católica, un cruel sistema de persecución, que llego a practicar distintos métodos de tortura. Hablar de esto no trae gloria a la Iglesia de Cristo, sino dolor.

5. La Edad Moderna

La Edad Moderna es el tercero de los periodos históricos en los que se divide convencionalmente la historia universal, comprendido entre el siglo XV y el XVIII. Cronológicamente alberga un periodo cuyo inicio puede fijarse en la caída de Constantinopla (1453) o en el descubrimiento de América (1492), y cuyo final puede situarse en la Revolución francesa (1789) o en el fin de la década previa, tras la independencia de los Estados Unidos (1776). La Edad Moderna se corresponde al período en que se destacan los valores de la modernidad (el progreso, la comunicación y la razón), frente al período anterior, la Edad Media, que es generalmente identificado como una edad intelectualmente oscura..

La expansión europea significó la desaparición o sumisión de muchas religiones indígenas en los territorios ocupados por los europeos. Excepcionalmente, surgió en el norte de la India una nueva religión: el sijismo.

En América Latina el catolicismo fue impuesto como religión prácticamente exclusiva siguiendo los lineamientos de la Contrarreforma, pero al mismo tiempo las antiguas religiones y creencias precolombinas y africanas reprimidas, reaparecieron combinando sus creencias con el cristianismo mediante el sincretismo religioso. Un ejemplo de ello es la fusión de cultos como el de la Pacha mama y la Virgen María en la región andina y la presencia de los orishás de la religión yoruba en la santería y el candomble. El catolicismo latinoamericano, especialmente en sus vertientes más ligadas a las culturas de los pueblos originarios y afroamericanos, dio comienzo a nuevos enfoques ante los derechos humanos, la naturaleza, la igualdad social y el republicanismo, alcanzando expresiones destacadas en casos como el de Bartolomé de las Casas y las Misiones Jesuitas.

La otra gran religión en expansión, el islam, no tuvo una separación de autoridades civiles y religiosas, lo que no significa necesariamente un mayor fundamentalismo, y la prueba habían sido los periodos de tolerancia y gran intercambio cultural de la Edad Media. Los Imperios Turco o Mogol no fueron menos, sino más tolerantes en materia religiosa que la Monarquía católica, y el Mediterráneo Oriental (Balcanes incluidos) fue durante toda la Edad Moderna una diversidad étnica y religiosa que acogió la diáspora sefardí de forma equivalente a como lo hizo Ámsterdam. No obstante, en la Europa cristiana el humanismo renacentista (en principio, la simple reivindicación de los *studia humanitatis* frente a la teología) va acentuando la separación de los ámbitos religioso y laico.

Este periodo histórico está ligado con la edad contemporánea, llegando hasta nuestros días. En este tiempo es donde surgieron todas las denominaciones religiosas protestantes o evangélicas: Anglicana, anabaptistas, bautistas, congregacionalistas, pentecostales, luteranos, metodistas, presbiterianos, reformados, y otros, que se suelen clasificar dependiendo del punto de vista del que los clasifica.

En este punto cabe una pregunta, vosotros os preguntareis: ¿Cuál es la Verdadera iglesia?, y yo les digo que la verdadera iglesia no es, ni está en una determinada denominación religiosa, sino que está formada, como ya les dije varias veces, por todos los que se arrepienten de sus pecados confesándolos y se convierten a Cristo, recibiendo el Espíritu Santo y viviendo en santidad de acuerdo con la Palabra del Señor, en el seno de una iglesia local, cualquiera sea su denominación. No importa cual denominación, siempre que en esa iglesia se predique y enseñe la Palabra del Señor, se ministren los sacramentos del bautismo y la Santa Cena o comunión, se alabe el nombre del Señor y se practique la oración y la santidad -"sin la cual nadie vera al Señor"-.

Cuando un creyente llega al cielo no se le pregunta de qué denominación es, sino si ha nacido de nuevo. En el libro de Apocalipsis hay un precioso ejemplo de esto, dice el apóstol San Juan en apocalipsis 7: 9- 17:

"Después de esto miré, y he aquí una gran multitud, la cual nadie podía contar, de todas naciones y tribus y pueblos y lenguas, que estaban delante del trono y en la presencia del Cordero, vestidos de ropas blancas, y con palmas en las manos; y clamaban a gran voz, diciendo: La salvación pertenece a nuestro Dios que está sentado en el trono, y al Cordero.

Y todos los ángeles estaban en pie alrededor del trono, y de los ancianos y de los cuatro seres vivientes; y se postraron sobre sus rostros delante del trono, y adoraron a Dios, diciendo: Amén. La bendición y la gloria y la sabiduría y la acción de gracias y la honra y el poder y la fortaleza, sean a nuestro Dios por los siglos de los siglos. Amén.

Entonces uno de los ancianos habló, diciéndome: Estos que están vestidos de ropas blancas, ¿quiénes son, y de dónde han venido?

Yo le dije: Señor, tú lo sabes. Y él me dijo: Estos son los que han salido de la gran tribulación, y han lavado sus ropas, y las han emblanquecido en la sangre del Cordero.

Por esto están delante del trono de Dios, y le sirven día y noche en su templo; y el que está sentado sobre el trono extenderá su tabernáculo sobre ellos.

Ya no tendrán hambre ni sed, y el sol no caerá más sobre ellos, ni calor alguno; porque el Cordero que está en medio del trono los pastoreará, y los guiará a fuentes de aguas de vida; y Dios enjugará toda lágrima de los ojos de ellos".

Esto lo relata el apóstol San Juan que fue traído al tercer cielo y juntos vivimos esta experiencia, notad que él no sabía de qué "iglesia" habían salido estas personas, no tenían carteles que explicaran de que denominación venían, uno de los ancianos tuvo que decirle: "Estos son los que han salido de la gran tribulación, y han lavado sus ropas, y las han emblanquecido en la sangre del Cordero". Dios no tiene denominaciones. Esas son cuestiones humanas.

Solo nos queda hablar de la eternidad futura, pero eso lo haremos más adelante, en otro libro, porque tengo mucho que contar sobre ello. Amen.

Dice Judas 1: 17-23

"Pero vosotros, amados, tened memoria de las palabras que antes fueron dichas por los apóstoles de nuestro Señor Jesucristo;

Los que os decían: En el postrer tiempo habrá burladores, que andarán según sus malvados deseos.

Estos son los que causan divisiones; los sensuales, que no tienen al Espíritu.

Pero vosotros, amados, edificándoos sobre vuestra santísima fe, orando en el Espíritu Santo,

Conservaos en el amor de Dios, esperando la misericordia de nuestro Señor Jesucristo para vida eterna.

A algunos que dudan, convencedlos.

A otros salvad, arrebatándolos del fuego; y de otros tened misericordia con temor, aborreciendo aun la ropa contaminada por su carne".

Capítulo 11

¿Y AHORA QUE?

Este es el capítulo más corto de este libro, dado que contiene solamente una pregunta: **¿Y ahora qué?**, (que vas a hacer con toda la información que te he dado, con todo lo que has leído), pero tú puedes hacer que sea el más largo, escribiendo en él, el resto de tu vida.

Es notable ver las similitudes que hay entre el mundo actual y el mundo en el que vivieron los primeros cristianos. El profesor Ray Summers, en su libro sobre el apocalipsis, "Digno es el Cordero" nos describe como era el mundo en el que se desarrolló la iglesia, durante los primeros años.

"Como el Apocalipsis retrata al Estado Romano en conflicto con la iglesia cristiana, es bueno que adquiramos un retrato claro de este gran enemigo de la iglesia. Durante la última parte del primer siglo de la era cristiana, que es el período en que fue escrito el Apocalipsis, Roma estaba muy cerca

del cenit de su grandeza. Sus fronteras se extendían desde las Islas Británicas hasta los desiertos africanos, y desde el Océano Atlántico hasta el río Éufrates. La ciudad de Roma está descrita en Apocalipsis 17:1 como "la gran ramera, la cual está sentada sobre muchas aguas"; y en Apocalipsis 17:15 se dice que estas aguas son "pueblos y muchedumbres y naciones y lenguas." Los pueblos sobre los cuales Roma gobernaba, eran muchos; y a la gente de ese tiempo le parecía que Roma era todo el mundo. El imperio estaba unificado por un ejército muy numeroso y bien preparado. Las distantes fronteras se habían hecho notables por las guarniciones de experimentados soldados, instruidos en las disciplinas de la vida del ejército romano. El temor a las legiones romanas se había extendido hasta muy lejanos lugares, y parecía que eran invencibles: ellas hicieron que la ciudad que era considerada como la capital del mundo llegara a ser una ciudad de riqueza y ostentación. Roma estaba edificada sobre dos bases: la conquista, y el comercio. Por el gran sistema de carreteras que tenía le fue posible efectuar operaciones comerciales hasta muy remotos lugares. Un aspecto de estas actividades se manifiesta en Apocalipsis 18:11-14, donde se mencionan casi treinta diferentes artículos comerciables cuando los negociantes lamentan la destrucción de la ciudad. Estas mercancías representan las relaciones comerciales que Roma tenía en los territorios de España, África del Norte, África Central, Egipto, el Mar Rojo, Arabia, Tiro, Asia oriental, India, el Danubio, y las Galias. Los artículos negociados eran, en su mayor parte, objetos de lujo, o esclavos: cosas que solamente los ricos podían comprar. He aquí un buen retrato de la enorme riqueza de la ciudad de Roma: los palacios de los ricos deslumbraban por su hermosura; los hombres rivalizaban entre sí en sus extravagancias: Calígula gastó en un banquete una cantidad equivalente a $500,000 (dólares), un patriota ofreció una comida en honor de Nerón y solamente en rosas gastó una cantidad igual a

$160,000 (dólares); el principal salón de banquetes de la famosa Casa Dorada de Nerón era circular, y en él se hacía girar de día y de noche una imitación de los cuerpos celestes; por todos los lugares de las mansiones había esclavos que siempre estaban dispuestos para servir a sus amos y para ayudarlos a exhibir las riquezas que éstos poseían; se dieron muchos casos en que los esclavos eran mucho más cultos y educados que sus mismos dueños. Las mujeres no habían de ser superadas por los hombres: en Roma las que se consideraban de la aristocracia y procuraban andar a la última moda, tenían varios esclavos para que les aplicaran los diferentes colores que ellas usaban en el rostro para su arreglo personal: un esclavo para ponerles los colores de las mejillas, otro para los de los ojos, otro para los de las cejas. etc. Las joyas que usaban eran tan costosas, que Séneca, maestro y amigo de Nerón, cínicamente hizo notar que algunas de las mujeres ricas llevaban siempre consigo dos o tres fortunas suspendidas de las orejas. La esposa de Calígula usaba un aderezo de esmeraldas valuado (actualmente) en dos millones de dólares. En contraste con tales riquezas y extravagancias, había una horrible pobreza: no había trabajos por los cuales se pagaran salarios, pues los esclavos hacían los trabajos; los pobres, estando ociosos, acudían en grandes cantidades a la ciudad para buscar el alimento que se distribuía gratuitamente de acuerdo con el enorme sistema de limosnas que se había establecido, y para divertirse con las muchas cosas interesantes de la vida de la ciudad. Esas condiciones produjeron una muy mala moral; tanto, que no hay colores demasiado obscuros para pintar las bajas condiciones morales de la vida romana. Los maestros de esa época se contradecían a sí mismos en su manera de ser: daban lecciones de pureza; pero vivían una vida de impureza moral. Como ejemplo de esto puede citarse a Séneca, quien enseñaba que las riquezas debían ser desdeñadas, sin embargo, en unos pocos años amasó una fortuna equivalente a más

de doce millones de dólares; predicaba la pureza moral en la vida, y abiertamente fue acusado de practicar el adulterio y otros pecados peores, sin que, por lo menos, intentara negar dichas acusaciones. Por supuesto, y naturalmente, los discípulos eran en su manera de vivir como sus maestros. La depravación moral de aquellos días está tan bien reflejada en el primer capítulo de la Epístola a los Romanos, que algunas veces nos resistimos a leerlo públicamente. Según el propio testimonio de los romanos, ellos habían desechado todo lo bueno y honorable: el crimen se había multiplicado, no se hacía ningún intento para ocultar ningún vicio, y parecía que la lujuria y la perversidad constantemente estaban en monstruosa competencia; el matrimonio había llegado a ser una transacción comercial fácilmente efectuada y fácilmente disuelta tanto así, que Séneca dijo que había mujeres que contaban los años de su edad no por los cónsules que había habido, sino por el número de maridos que habían tenido; además, el matrimonio era tan despreciado que fue necesario expedir algunas leyes contrarias al celibato; y como los niños eran considerados como una carga, su crianza y educación fueron encomendadas a los esclavos o fueron vendidos como si también fueran esclavos. Naturalmente, los cristianos miraron con aversión esas condiciones; pensaron que su religión estaba a punto de ser destruida por dichas condiciones, y querían saber cuál sería el resultado de todo esto. Por lo mismo se necesitaba en gran manera el Apocalipsis que les asegurara que de ellos sería la victoria. Roma no era solamente el centro del gobierno y de la riqueza: también lo era de la religión. La religión de ese tiempo era de temor, superstición, y ceremonias; la mayoría de la gente creía en la existencia de dioses, y su confianza se debilitaba cuando esos dioses no ayudaban; una gran parte de la religión de ese tiempo consistía en el formalismo y en el ceremonialismo; y el fracaso de la religión pagana en su aplicación práctica a la vida, durante muchos años había producido un derrumbamien-

to de las religiones antiguas. El cristianismo se dio cuenta de que esa condición era un terreno fértil, y había obtenido grandes cosechas de la semilla que antes había sembrado. Pero en el fondo de la ley romana estaba la realidad de que el emperador debía ser considerado divino, y algunos emperadores explotaron esta condición, otros no; sin embargo, en la época del imperio en que estamos interesados, esa vieja idea había recibido un nuevo énfasis. Por lo mismo, Domiciano se deleitaba al darse cuenta de que se le consideraba divino y que se le adoraba; por lo contrario, para los cristianos ese homenaje era un acto idolátrico y una completa negación de la fe en Cristo. Para los romanos el hecho de negarse uno a adorar al emperador era una demostración de deslealtad al Estado y un acto de traición; por lo mismo, la adoración al emperador fue un acto que se declaró obligatorio para los cristianos como una prueba de su lealtad al Estado. Al principio se exigía a los cristianos que ejecutaran las ceremonias que indicaban que darían un servicio leal al emperador y que lo adorarían: con los dedos debían tomar un poco de incienso y ponerlo en el altar: negarse a hacer esto indicaba deslealtad, y obedecer probaba que el que lo hacía no era cristiano. Hubo muchos que pensaron que este acto era insignificante, que en nada perjudicaría su fe cristiana, y lo ejecutaron para evitarse el castigo: los que así obraron, por haber ocultado su fe fueron rechazados por sus compañeros cristianos. Como aumentaron las exigencias para adorar al emperador, los cristianos, como cuerpo, fueron declarados fuera de la ley tan pronto como se supo que habían abrazado esa fe; y para hacer obligatoria la religión del Estado y para castigar a los cristianos, minuciosamente fueron forjados nuevos métodos legislativos y punitivos. Fue organizado un cuerpo oficial conocido con el nombre de "praefectus urbi" para hacer que dicha clase de adoración se practicara en todas las ciudades; ese grupo oficial se encargaba de castigar a los desobedientes que vivieran en las varias ciudades de alguna provincia que se le había asignado. El cuerpo o grupo que tenía la mayor autoridad se llamaba concilia y estaba compuesto por varios diputados que eran enviados por las ciudades o divisiones de una provincia. Este grupo tenía el deber de construir y erigir imágenes del emperador, altares para adorarlo, y utilizar todos los recursos posibles para fomentar la religión del Estado y hacer que se practicara. Estos oficiales obligaban al pueblo a que adorara al emperador, otorgaban favores a quienes obedecían, y castigaban de varias maneras a quienes no obedecían: entre estos hubo muchos que fueron decapitados, otros que fueron desterrados, otros que quedaron en la miseria porque les fueron confiscadas sus propiedades. A todo esto se alude, posiblemente, en Apocalipsis 13:5. El propósito del Apocalipsis está en el fondo de todo lo que se ha dicho en cuanto a los cristianos, las condiciones en que estaban y las necesidades que padecían: el propósito es mostrar que un gran poder como Roma estaba destinado a ser destruido, y que al fin el reino de Dios triunfaría y Cristo sería el Supremo Rey; el propósito es, también, hacer una resonante invitación para que a toda costa los redimidos se conserven leales a la fe, aunque tengan que enfrentarse al martirio y sucumbir en él. Este mensaje es aplicable, de manera particular, a los tiempos actuales: es la invitación para escoger las cosas eternas más bien que las temporales, para resistir la tentación, para negarse a transigir con el secularismo pagano, para dar la preferencia a las demandas de la conciencia y no a las que sean contrarias a ella; es la invitación para fomentar la confianza en que el reino de Dios tendrá la victoria final, no sólo en el tiempo del reinado de Domiciano, sino también en cualquier otro período caótico de la historia del mundo, inclusive en el siglo veinte".

Si sois realmente sinceros y objetivos, podréis ver que las costumbres sociales de esta época, tienen muchas similitudes con las que tenía el mundo de los primeros cristianos. Vivís en un mundo en el que ser creyente en Jesucristo es motivo de burla y escarnio aun por vuestros propios amigos y familiares. La sociedad está en un estado de corrupción total, muchos políticos son corruptos, los ricos son cada vez más ricos a cualquier precio, muchos países están envueltos en cruentas guerras que provocan muerte y destrucción, produciendo miles de migrantes y refugiados, que no tienen que comer y ni siquiera donde vivir y pareciera que a nadie le importara, centenares de niños mueren de inanición y de diversas enfermedades en países de África y otro lugares del planeta. Los índices de contaminación del aire, los mares y prácticamente todo el planeta, son insostenibles. Las organizaciones que supuestamente deberían intervenir poniendo orden en todo esto, porque para esto fueron creadas, están envueltas en multitud de reuniones políticas, influenciadas por los poderes económicos, sin tomar realmente cartas en el asunto.

La sociedad ha perdido los valores cristianos que lograron ser implantados después de muchos años de sufrimiento de los cristianos, el apóstol Pablo en su 2° carta a Timoteo, capitulo 3:1-5, os advierte claramente sobre estas cosas:

"También debes saber esto: que en los postreros días vendrán tiempos peligrosos.

Porque habrá hombres amadores de sí mismos, avaros, vanagloriosos, soberbios, blasfemos, desobedientes a los padres, ingratos, impíos,

sin afecto natural, implacables, calumniadores, intemperantes, crueles, aborrecedores de lo bueno,

traidores, impetuosos, infatuados, amadores de los deleites más que de Dios, que tendrán apariencia de piedad, pero negarán la eficacia de ella; ***a éstos evita***".

A pesar de esta cruel realidad, yo os animo a que os comprometáis con Cristo, Jesús dijo: *"Estas cosas os he hablado para que en mí tengáis paz. En el mundo tendréis aflicción; pero confiad, yo he vencido al mundo".*

Si eres creyente en Jesucristo puedes adoptar un más firme e intenso compromiso con el Señor, sirviéndole activamente en tu congregación. Y si no eres creyente, puedes tomar la decisión más importante de tu vida, aceptando como propio el sacrificio de Cristo, y recibiendo a Jesús en tu corazón comenzar a vivir una experiencia extraordinaria, recibirás el Espíritu Santo que cambiara tu vida, llenándote de paz y te motivara para que te incorpores a alguna iglesia cristiana local y compartas tu nueva experiencia con el cuerpo de Cristo, que es la iglesia.

Existe una diferencia radical, una oposición fundamental entre la fe cristiana como resultado de la vida de Dios en un creyente, y la observancia de ritos religiosos con el fin de alcanzar a Dios. La religión conduce al fiel a hacer esfuerzos para ir a Dios y serle agradable; por el contrario, la revelación cristiana nos enseña que Dios viene al encuentro del hombre y lo busca donde él está.

Igualmente, la filosofía es la búsqueda de la verdad, mientras que Jesús se presenta diciendo: "**Yo soy** el camino, y **la verdad**, y la vida" (Juan 14:6). No se trata de una verdad que tendríais que buscar y comprender, sino de una verdad que se os revela y os ilumina. No se trata solamente de seguir un enfoque intelectual, sino de responder a Dios quien os llama.

La salvación está en una fe viva en el Hijo de Dios; ahora bien, a menudo vosotros estáis encerrados en ideologías que os han seducido. Necesitáis que esos cerrojos de vuestros razonamientos se rompan. Muchas personas han sido confrontadas clara y evidentemente con sus limitaciones y sus fracasos, y pudieron responder al llamado de Dios. Entonces encontraron a otros creyentes que, de diferentes maneras, llegaron a la misma verdad. Es maravilloso ver como tantos caminos individuales distintos, sin embargo, convergen hacia la misma persona, la del Hijo de Dios. Y los que creen en él comprenden que no han tenido ningún mérito para llegar a él. Jesús mismo vino a su encuentro, como hoy mismo viene a tu encuentro.

Pero debes saber que si rechazas a Cristo no te queda otro futuro que: *"Porque si pecareis voluntariamente después de haber recibido el conocimiento de la verdad, ya no queda más sacrificio por los pecados, sino una horrenda expectación de juicio, y de hervor de fuego que ha de devorar a los adversarios. El que viola la ley de Moisés, por el testimonio de dos o de tres testigos muere irremisiblemente." ¿Cuánto mayor castigo pensáis que merecerá el que pisoteare al Hijo de Dios, y tuviere por inmunda la sangre del pacto en la cual fue santificado, e hiciere afrenta al Espíritu de gracia? Pues conocemos al que dijo: Mía es la venganza, yo daré el pago, dice el Señor. Y otra vez: El Señor juzgará a su pueblo. ¡Horrenda cosa es caer en manos del Dios vivo!" (Heb 10: 26-31).*

Si por mí fuera, no me gustaría terminar este libro con palabras de condenación, me gustaría deciros lo que a vosotros os gustaría oír, y que muchas de vuestras religiones os enseñan: que no importa lo que hagáis, todos sois salvos, todos iréis al cielo, pero os estaría engañando.

"Por tanto, es necesario que con más diligencia atendamos a las cosas que hemos oído, no sea que nos deslicemos.

Porque si la palabra dicha por medio de los ángeles fue firme, y toda transgresión y desobediencia recibió justa retribución, ¿cómo escaparemos nosotros, si descuidamos una salvación tan grande? La cual, habiendo sido anunciada primeramente por el Señor, nos fue confirmada por los que oyeron, testificando Dios juntamente con ellos, con señales y prodigios y diversos milagros y repartimientos del Espíritu Santo según su voluntad" *(Heb 2:1-4)*. El Señor viene pronto, ¡estad preparados!

Deseo de todo corazón que la lectura de este libro os sea de gran bendición, ponedla por obra, y si no me queréis hacer caso a mí, hacedle caso a la Palabra del Señor porque, al fin y al cabo, yo soy solamente "un ángel". Amén.

Bibliografía:

Parte del capítulo 2.3 Está basado en el libro: "Los Atributos de Dios", **Por A. W. Pink.**

Parte del capítulo 3 Está basado en el libro "La Historia de Satanás y los Ángeles Caídos", **Por software.intel.com.**

Parte del capítulo 8.2 sobre las últimas palabras de Jesús, Está basado en el libro: Las Siete Últimas Palabras de Cristo, **Por John MacArthur.**

Parte del capítulo 11 Está basado en el capítulo 3, parte 4 del libro "Digno es el Cordero", Por Ray Summers.

Este Libro se terminó de imprimir el

24 de diciembre de 2019

Made in the USA
Columbia, SC
27 January 2025

52712749R00150